U0164720

獻給

我們事奉成長的教會

漢城中華基督教會（韓國）
受洗、獻身、結婚、按牧

中華聖潔會（香港）
被差為廣播宣教士，在漂泊之地找到屬靈的家

仁川中華基督教會（韓國）
體驗牧養的神聖

Seoul Union Church（韓國）
看到西方文明與大韓文化結合

水原中央浸禮教會（韓國）
見證萬人崇拜和牧師威權的跨文化祝福

無名的眾教會（無國界）
福音廣播的主內家族，體驗同胞血脈相連

還有
愛妻玉琴（周素琴）
使我明白「極大奧祕的基督與教會」之愛
（以弗所書五章 32 節）

韓風寒風・迥異教會

周志豪牧師 著

印象文字
IN PRESS

韓 風 寒 風 ・ 迴 異 教 會

Becoming the Flourishing Church, A Korean Testimony

作者	周志豪 Chris Chi-how Chou
責編	梁冠霆 Lawrence Leung、黃婉婷 Josie Wong
書裝	梁寶超 Joseph Leung
出版	**印象文字 InPress Books**
	香港火炭坳背灣街26號富騰工業中心10樓1011室
	(852) 2687 0331 info@inpress.com.hk http://www.inpress.com.hk
	InPress Books is part of Logos Ministries (a non-profit & charitable organization)
	http://www.logos.org.hk
發行	**基道出版社 Logos Publishers**
	(852) 2687 0331 info@logos.com.hk https://www.logos.com.hk
承印	陽光（彩美）印刷有限公司
出版日期	2022年12月初版
產品編號	IB412
國際書號	978-962-457-636-8

除特別註明外，經文取自《新標點和合本聖經》，香港聖經公會版權所有，承蒙允許使用。

刷次 10 9 8 7 6 5 4 3 2 1
年份 31 30 29 28 27 26 25 24 23 22

基道
BookFinder

印象文字
網頁

目錄
Contents

序一

I have known the Rev. Chris Chi-how Chou for a long time. He served as the Chinese Program Coordinator at FEBC-Korea from 1981 to 2004. After 2004, he was deeply involved in the ministry of FEBC-Hong Kong and demonstrated his passion in spreading the Good News through radio broadcast.

I was pleasantly surprised to learn that Chris had researched extensively the history, figures, Christian sites, and culture of the Korean church and published them in a single book. What an accomplishment!

This book shows his interest and affection for the Korean church. I trust that this remarkable book will be of great help to the readers in understanding the Korean church which has achieved a great growth and revival in short history. It is my honor and joy to recommend this book to all who want to learn about how God has poured his blessings upon Korea and the Korean church.

Congratulations, Chris! God bless you!

Rev. Billy Kim
Chairman of FEBC-Korea

我認識周志豪牧師很久了。他從 1981 年起至 2004 年，在韓國遠東廣播以中文節目聯絡員職務事奉。2004 年之後，他調回香港遠東廣播，深深投入廣播工作，並展現他對藉廣播傳福音的熱誠。

我聽到志豪將所研究並撰寫的關於韓國教會史事、人物、基督教遺迹和文化等文章結集成書，感到驚喜萬分，這實在何等可貴呢！

這本書流露了他對韓國教會的熱愛。我深信這本難得的冊子，對讀者了解在短短的歷史中取得巨大增長和復興的韓國教會，必有所助益。推薦此書是本人的榮幸和喜悅，願讀者們皆能知道上帝在韓國和韓國教會所澆灌的福分。

祝賀周牧師，願神賜福你！

金章煥牧師
韓國遠東廣播理事長

序二

周志豪牧師是我香港母會的主任牧師，也是在建道神學院就讀時，比我遲幾年畢業的校友，他的兒子亦是我在建道任教時的學生。當他邀請我為本書寫序時，真的很難推辭，實在有點「不想寫也要寫」的感覺，只好勉力而為。但當我開始閱讀後，卻不其然的被周牧師所寫的每篇短文所吸引，竟一口氣讀完了整本書。

雖然在過往三年的疫情期間，我曾看過幾套韓劇，之前亦先後去過首爾、釜山及濟州島旅行，但我肯定不是「韓粉」，對「韓流」亦不甚關心。不過身為牧者及神學院教授，韓國教會的影響力自然對我有著吸引之處。

周牧師是一位韓國華僑，在當地遠東福音廣播公司事奉多年，他在本書提供了很豐富的資料，可以讓各牧者及信徒進深了解韓國教會的歷史與背景、發展與挑戰、宣教與牧養、文化與風俗。本書中每篇文章的可讀性都很高，文筆簡潔，言之有物，亦時常提及對華人信徒的應用。

在印象篇，周牧師簡單分析韓國教會的情況，使讀者明白韓國教會發展的文化、背景與客觀因素。接著，牧師篇七篇文章則介紹幾位著名韓國牧師的成功與失敗經歷，很能夠成為傳道人的借鏡與鑑戒。

此外，教會篇的七篇短文亦非常精彩，周牧師提到韓國教會衰落的開始與「流徒」（Kanaan）的現象、兩個韓國

異端的崛起、禱告的重要，以及韓國信徒對民族及國家
的認同，對一般教會具有很重要的參考價值。

周牧師三十多年前是我香港母會支持的宣教士，他的宣教
心可以在本書的宣教篇十篇文章中反映出來。他講述神過
往透過不同宣教士建立韓國教會的簡史，又特別提到遠東
福音廣播電台在濟州島的奇迹，而他在韓國的事奉便是那
神蹟的親身歷練與見證。另外，全球韓國學生福音運動亦
是一個很值得注意的宣教方向。

最後在文化篇七篇文章中，周牧師輕描淡寫、不甚經意
地提出幾個韓國社會的文化現象作為結語。他沒有提到
現時在全球青年人當中紅透半邊天的 BTS，反而在 2022
年尾世界盃舉行之際，提到韓國「儒教足球」，實在應景
與適時。最後，附錄中韓國教會簡單的大事年表亦很有
參考價值。

若你閱讀本書，我相信你會像我一樣，一口氣讀畢全書，
最終對神所賜福的教會，會有更深切的了解。

陳耀鵬牧師
溫哥華基督教頌恩堂牧師、建道神學院前副院長

序三

與周志豪牧師和師母同行已超過四十年，由他成為我教會的實習神學生、我的主日學老師、教會支持的宣教士，到回港後成為我們的顧問牧師和堂主任，他對我來說就像一個異鄉人，無論他說話的口音、生活的文化和腦內跳躍的細胞，都是另類的，從正面看是不受困於香港教會的文化，從另一角度看是不懂香港教會的人情世故。不過，作為一個不喜歡因循、喜歡接受新挑戰和從另一角度思考的信徒，我和周牧師是十分投緣的，他口中與香港不同的韓國教會故事也是我喜歡聽的故事，親身到韓國的教會和機構觀摩學習亦是我一直的心願。可惜受疫情影響，原定 2020 年跟隨周牧師、師母訪韓的「靈命操練‧首爾深度遊」告吹了！而閱讀《韓風寒風‧迥異教會》一書，就像彌補了未能跟周牧師訪韓的遺憾，讓我對韓國教會有了更立體和較有深度的認識。

做了基督教機構的主管二十多年，十分明白堂會和機構是因回應神的異象和使命而成立，忘記了異象，失去了初心的話，漸漸式微，甚至步向消亡是必然的結果。而韓國教會的「傳奇」發展，令基督教在亞洲文化的土壤中爆炸性地增長，是值得所有在教會和機構服事的同工參考和學習的榜樣，雖然彼此的國情和文化不同，但不少對信仰的態度，以及人與人之間的感情是放諸四海皆準的。

時窮節乃現，疾風知勁草，上一代受人尊崇的韓國教會牧者，他們都是在國家、人民和教會面對極大困難的時

候，謹守自己的崗位和召命，對苦難中的弟兄姊妹和同胞不離不棄，甚至不惜付上性命的代價。韓國教會受人民尊重不是偶然的，是因為教會與人民共渡時艱，這值得香港教會的領袖深切反省；當香港的社會面對重大困難的時候，教會的領袖在哪裏？教會的聲音在哪裏？

由九七回歸到近年的社會運動，當整個社會人心惶惶、是非難分的時候，教會是置身事外、獨善其身，還是真正與大家同行、敢於發出時代的呼聲呢？當一些弟兄姊妹為世局憤憤不平，或是因為憂慮而恐慌性移民的時候，究竟教會的牧者在哪裏？當羣眾和羊羣面對困難的時候，若牧羊人缺席、甚至逃跑，但同時期望教會能夠受人尊重、希望教會仍然能夠為人民帶來福音，不過是緣木求魚。

其實大家可以放心，相比韓國教會當日面對的挑戰，今日香港教會領袖需要殉道的機會相信很微，更令人擔心的恐怕是大家忘記了誰是我們真正需要懼怕／敬畏的對象，而作為領袖的又是否仍然記得立志為主作工、甚至奉獻一生時的初心？希望韓國教會的經歷能夠成為大家探索前路時候的「他山之玉」，更希望在韓國教會的身影之下，別讓我們太慚愧！

蔡志森先生

明光社總幹事、香港基督教機構協會主席

013

序四

幾年前某天，突然收到遠東廣播公司周志豪牧師的訊息，找我到遠東的同工早會，圍繞「基督徒傳媒工作者面對的挑戰」的主題分享。那刻頗有點「受寵若驚」，心想：這位周牧師跟我素未謀面，竟然找到上門，題目如此宏大艱鉅，實在戰兢。不過，那確實是我長期關心、上心的課題，有機會跟同行分享交流，其實責無旁貸，何況遠東過去和現在都有我直接和間接認識的朋友在其中，就二話不說，一口答應了。

聚會當天，我們相約好在附近那家姓麥的快餐店吃早餐，彼此認識一下。周牧師溫文又坦率，令跟他初次接觸的人感到舒服，簡短一頓早餐，就讓我認識了他幾十年在韓國和香港的事奉歷程，登時令我好像認識他很久似的。

當夜，腦海裏重溫他早上分享的個人歷程，又把他的名字反覆思量，才猛然發現：原來我們不是初次見面的！話說很多很多年前某個夏天，我和一隊同事被派到當時的漢城採訪拍攝，負責統籌的同事聯絡了一家叫「極東放送」的機構（即遠東廣播）給我們提供在地支援，而極東放送就委派了一位兼通韓語、粵語、華語，名叫周志豪的年輕同工做聯絡人，為我們做了非常好的鋪橋搭路，十多天的採訪拍攝，超級順利完成。

埋藏了多年的美好回憶一下子湧現。我禁不住馬上傳短

訊給周牧師，問他：還記不記得那段很小很小的陳年小
插曲？你是不是那位周志豪？就是這樣，就跟幾十年前
幫助過我們的恩人「隔世重逢」了，是不是比很多韓劇更
有戲劇感呢？所以，當志豪兄吩咐我替他的作品寫序的
時候，何止卻之不恭，簡直是求之不得，除了可以先睹
為快，還可以藉機「自肥」一番，藉此重溫跟志豪兄的兩
度初遇，何樂不為？

至於此書的內容如何，我也根本無須多說，留待讀者自
己跟作者神交好了。我只有兩字評價：「好睇！」志豪牧
師在韓國生活數十年，既融入當地教會和社會，對於韓
國基督教的歷史源流、教會特性、以至各種社會文化現
象，觀察細緻入微，同時又時刻保持外來者獨有的跨文
化自覺，因而能夠點出韓國人本身也未必可以準確道出
的判斷。除了作者的身分和位置帶來的優勢之外，同等
重要（或者更加重要）的是，志豪牧師完全沒有仗著自己
「熟行」而拋書包，用艱澀的理論和術語來震懾讀者，或
者擺出一副「你們不懂的等我來告訴你」那樣居高臨下的
姿態，而是一位親切的朋友跟你述說他所看到的事情，
和他對那些事情的想法。

書裏面每一篇文章，都簡潔到肉，娓娓道來。從韓國
教會和牧者的獨特面貌，到宣教士在當地的足迹，到
近二十年來席捲全球的文化現象，每個小篇章，讀完
之後不但增進了我對韓國的認識，更加推前一步，令

我舉一反三，思考韓國教會和社會文化諸般現象對我們的含義。

幾十年來，不少香港基督徒著迷於韓國教會的神話，以為複製韓國模式就是復興的保證；最近十多年，更多人著迷於韓國的普及文化，夢想複製它的祕方；兩者其實都失諸漠視了韓國本身獨特的歷史經驗和地緣政治因素。周志豪牧師此書，正好提供了一次平易近人的補課，也提醒我們，要好好正視那些影響深遠的宏觀因素——不管是別人的，還是我們自己的。

任志強博士
《時代論壇》社長

韓國首座西式基督新教教堂貞洞第一教會，
也是第一座監理會教堂，位於首爾中區貞洞

印象篇

일

第一章　教會的暖流

韓國教會多半在 11 月的最後兩個禮拜天舉行感恩主日，這是受了美國感恩節的影響，但能將西方節日轉化成秋收感恩主日，則是一個不錯的本土化做法。

我們教會（一間有一萬信徒的韓國浸信會）在感恩主日之前的一週，會舉辦一連三天的培靈會。值得注意的是，培靈會第一堂舉行的時間——若你對韓國教會文化稍有聽聞，就不會覺得太意外——是早上五時。由四時四十分開始唱詩，會眾卻照常坐滿大堂一樓五、六百人的席位。論這類聚會的踴躍程度，在香港、台灣和東南亞教會是不太可能的，在全世界大概也很難找到，惟一能媲美的，可能是中國大陸教會聚會的熱情。箇中因由，值得玩味。

在二十一世紀的城市教會能在早上五時舉行培靈會，我認為有兩個主要原因：一是牧會技巧，二是文化因素。

牧會技巧

牧養教會的人都希望信徒多禱告，其實教會的兩個溫度計就是禱告和佈道的熱誠。華人信徒不參加禱告會好像是司空見慣的了，其實韓國教會也在努力克服禱告會人數下降的問題。因此，一直以來很多韓國教會在復活節前的四十天舉行「參加晨更禱告會」特別行動，到復活節時就將聚會熱情推到高潮。

幾年前，我有機會深入訪問一間位於洛杉磯的韓人教會。他們的禱告會從 1989 年的二十餘人開始，到 1997 年已

約有三百五十個成年人、四十個青年、四十五個青少年和一百二十個兒童參加。那間教會也定期舉行復活節前的四十天「參加晨更禱告運動」（大齋期），只不過他們也做了一些本土化調整，就是稍微延後早禱會，於清晨五時半開始。

文化因素

二、三十年來，很多華人教牧或信徒來韓觀摩，但不多人能夠把成果帶回自己的教會。我對此特別好奇，也細心注意，初步發現下面五個特點被疏忽了。

一、教會與需要的結合

我在 2001 年 10 月 23 日帶領了一次晨更禮拜，教堂外面黎明的曙光還未升起，看著禮堂一樓五、六百人座無虛席的盛況，的確感動。這與之前 7 月那次晨更禮拜，只有三、四百人聚集時有明顯的差別。起初，我以為是四十日的秋季特別行動使然。但一位副牧師告訴我，這四十日的尾期有大專聯考，考生家長多半趁這四十日多付點代價出席晨禱，因此人數會增多。正是這個：一個很簡單卻極重要的牧會安排，因應信徒的需要，包括回應每年定期要面對的聯考重擔。其實，整體韓國教會的好動與熱烈，歸根究柢不無這樣的因素。

二、地理因素

朝鮮半島三面環海，又與東北亞三大強國為鄰，被天然環境所逼，自古就形成自我膨脹的捍衛心理，若不猛幹拼搏，或虛張聲勢，則難以生存。所以，教會週報的數

據總是比實際數字稍微多一點；建築設施、傢俬擺設，以至穿著打扮，總比實際經濟狀況好一些；一些人的學位水平，總比學問內涵高一點。因此，禱告聲音大，禱告動作大，禱告時間長，也成了很自然的事。

三、語言因素

南韓五千多萬人與分割了七十多年的北韓都使用一種語言，這是世界罕見的情況。而且，韓國話有清晰的尊卑稱呼的用法。反觀普通話在日常不像他們那麼多用尊稱，我們不再以對皇上才用的詞彙在禮拜公禱時陳說。因此，那一種獨有的「祂」附帶高高在上的敬虔與敬畏之情，在我們如今的生活語言之中已不能體驗。

我們可以觀摩韓國教會，視其狂熱，但我們無法將「上帝」、「牧師」、「長老」甚至「上司」、「兄姊」、「丈夫」等韓語尊稱和語法帶回自己的教會。

學者說先秦的文化是虔敬的，同樣，韓國文化較我們保守，語言單一，思考也就比較整齊一致。因此，推動晨更祈禱就容易多了。基督教這樣，天主教也這樣。我家鄰居天天早上參加五時彌撒，而市內祠廟也是晨曦時刻常見善男信女去虔誠膜拜。

四、歷史因素

參觀了南京大屠殺紀念館以後，回來重讀中日戰爭的歷史，才深刻體會中韓同被侵略卻意義不同的重大關鍵。我國是被侵略，韓國卻是被吞併，而且長達三十六年之

久。可以想像的是，一個國家在近代史中曾經消失這麼久，這之前也多次被列強欺壓，今又在南北對峙超過半世紀的艱鉅局勢下，禱告與求生絕不是兒戲。葛培理佈道團舉辦的第一屆世界巡迴佈道大會講員之一的趙鏞基牧師，在其宣講禱告真義的講道中，就以深水中快將淹死求救的例證，說明禱告的迫切精神。他的比喻有其民族個性與歷史因緣的。

五、軍人作風

語言的特性使韓國人的世界觀比華人多了一些方塊與等次，單一語文又促成韓國文化的單一整齊特性，就連崇拜讚美詩也是全國統一的，而且乾脆與聖經合併成合訂本，全世界韓人教會一致使用。綜合上述因素，再加上所有男士都接受約兩年的軍訓，在其儒家文化土壤上培植了世界任何一個國家民族都難以相比的秩序與從命順服特色。

部門主管不下班，職員當然要緊守崗位。要買新車，車款優於上司，當然是不敬。開會雖然重要，但主任牧師的吩咐更重要。準時上班是應該的，但若你在上司之後抵達辦公室，除非上級很開明，否則大概就要內疚。單看機構的職稱，就知道命令體系現實——職員之上有主任，主任之上有係長，係長之上有課長，課長之上有次長，次長之上有部長，部長之上有局長，局長之上有本部長，本部長之上又因採取不同的方式而有不同的同級職稱。工作的決策與權限也是一層又一層的。不但機構如此，教會的組織架構也相仿。

在家長制甚或軍隊體制的文化中，順服是最有效的適應方式。若有積壓的鬱悶，禱告就更加迫切了。金融風暴時，上面有人發起捐金運動，百姓就自然響應。幾百年來，活在同生同死的危機國度裏，自己的安危對比國家的危機，就顯得沒有太大意義。何況，高官長輩們登台高呼，庶民百姓順服遵從是理所當然的。不順服的，就走上另一個極端：街頭示威。

我們說，世界上有兩個民族最會在街頭扔石頭：巴勒斯坦人和韓國人，他們都有類似的某種壓力積壓在心底。其實，韓國人常講一種民族的「恨」，卻不是中文「恨」的意思，倒有宿命的悲憤之意。在這樣的環境、這樣的文化、種種的掣肘中，1988 年奧運會舉辦成功，2002年世界盃也爭得與日本一起舉辦，這些年南韓藝人又在華人世界帶起韓流，都不是偶然的。對於教會，我們並不需要學他們的晨禱或通宵狂熱，但能學當然更好。

真正應作我們借鏡的是，他們對環境限制與天時不利的一種頑抗、一種猛衝精神。正像韓國足球隊愈輸愈強，敵方愈是來勢兇猛，我方愈鬥志百倍的蠻幹精神，達到不能預測戰果的境界。平心而論，早上五時開培靈會，怎麼看都不正常，但就是這種衝勁帶動著這個民族走過韓戰後廢墟重建的日子，並迎向更艱難的將來。

韓服的歷史據傳可追溯到朝鮮半島的三國時代，也就是五世紀至七世紀的高句麗、百濟和延續至十世紀的新羅。古代的韓服不論男女多以白色為主，顯得單純樸實，因此韓國也被冠以「白衣民族」的美稱；由於在聖經中多次出現的「白衣」同樣帶有尊貴涵義，所以部分教內人士更引以為榮。

近年來，韓服的設計與時俱進，多番創新。為了推廣韓服的的國際化，政府藉文化觀光部的推動，加上民間服裝產業及文化娛樂界的呼應努力，到今天已看見成果。教會逢特別聚會時，參與事奉的女信徒身著韓服，嫣然成為莊重與美麗的傳統。

牧師篇

이

第二章　配受加倍敬奉的韓國牧師

大 韓耶穌教長老會有統合派和合同派，分別為韓國基督教最大和第二多信徒的宗派。最近有當地華人傳道參加了按牧申請考試，其過程與經驗值得我們了解。

長老會統合派每年約有一千五百名傳道人申請按立牧師，這只屬申請考試，而並不是合格成為牧師的數字。該宗所屬神學院共七間，除了位於首爾的長老會神學大學，每年道學碩士班新生約二百七十人（不算外國學生）；尚有其他六間長老會神學院分散全國主要城市。申請按牧的一千五百多人中，約六百人是重考生，因此絕非申請就等於可以按牧。2019 年度牧師考試日有 1,417 人應試，其中 422 人為女性，佔整體三分一，15 人為殘障人士，另有 19 人為外國人。[註]

凡於上述七間神學院道學碩士畢業，具教會全職事奉兩年或半職事奉四年經驗者，可申請按牧考試。然而，申請過程略為複雜。首先，入讀神學院之前須於教會所屬之宗派分會（韓語「老會」，有別於總會）通過牧者候補生筆試與面試，取得分會推薦，方可入讀神學院。讀至一、二年級末時，再向學校交續讀神學推薦書，便能升級。神學院畢業取得道學碩士學位後，再於宗派分會通過「傳道」（傳道師）面試，則可開始兩年的全職傳道人事奉。如蒙神帶領，有志申請按立牧師者，要申請面試，通過後再申請一年一度的總會牧師考試。考試範圍包括聖經、論文、講章、教會史、宗派法（韓語「教會憲法」）及面試。通過牧師考試後，所屬教會的「堂會」（中文為執事會）議決聘請為牧師，則可向宗派分會申請

按牧，同時也有一次總會面試。

為何道學碩士畢業的傳道人急於申請按牧？這是整個教
會生態和社會文化的問題。試想，神學院要求擔任道學
碩士課程的教授，不但要有相關的博士學位，還必須是
牧師。這樣下來，他們的牧師意識就與我們所認識的有
所不同了。他們的理據很簡單，未按牧的教授不適宜訓
練神學生成為牧者。當然，神學院的其他學系對教師必
須是牧師這要求，是有彈性處理空間的。換言之，要訓
練牧師者，必須是牧師。在深受儒家思想影響的韓國，
身分、資歷、輩分和男女性別等，向來講究，備受重視。
沒有按牧的話，不但主持聖禮受限制，教會的主日講道
也會受限制。在長老會內，考得「講道師」資格，還算可
以有較多正式講道的機會。

從社會運動的角度看，過去一百多年每當社會有不公義
壓力時，發揮「國家與民族」（韓語）良心的往往是教會
的角色；而韓國教會一直以牧師為帶領的核心也是事實。
日治時期（1910 至 1945 年）的教會牧師更是社會良心。
以 1919 年 3 月的獨立運動為例，因為抗日示威，激起
一個月內百萬人次的示威遊行。至 5 月因示威而喪生者
達 3,336 人，9,227 人受傷，35,712 人被捕入獄。單是
教堂全部被毀的有十七間，部分被破壞的佔二十四間，
受到破壞的有四十一間，教會物業損失額達 30,000 美
元。那年 6 月 30 日入獄的基督徒有 2,190 人，教牧人
員則為 151 人（閔庚培，《韓國基督教會史》〔延世大學
校出版部，2002 新改訂版〕，頁 345；另參〈韓國經典

示威的反思〉，見本書第二十七章），這可見韓國教會與傳道人在國家獨立運動中的影響。聖經說：「那善於管理教會的長老，當以為配受加倍的敬奉；那勞苦傳道教導人的，更當如此。」（提前五 17）在韓國作傳道人或更準確說作牧師者，有他們加倍得敬奉的不同原因啊！

註：謝謝提供按牧考試經驗和資訊的華僑牧師譚弟兄。

2017 年的文化活動：三一節獨立運動演示

因為百多年前的一連串民族獨立抗爭，三一節獨立運動日
誕生。教會史家稱：「朝鮮王朝以降，民眾的基督教信仰被
建制視為異端，黎民百姓被蔑視之際，1919 年 3 月 1 日，
民眾發起並燃燒到全民族的獨立呼聲，譜寫了開啟近代韓
國和民主韓國的巨大歷史轉捩點，絕非言過其實。」（閔庚
培：《韓國基督教會史》〔延世大學校出版部，2002 新改訂
版〕，頁 332）這場壯烈的民主與獨立運動的先驅，竟是教
會和其中的聖職人員。

삼

第三章　一代領袖的遺憾

2019 年 1 月 2 至 10 日，韓國的基督教背景報社《國民日報》和《國民日報牧會者論壇》，針對八百名十九歲以上的信徒和二百名堂主任、副堂主任，共一千人作問卷調查。調查可信度為 95%，樣本誤差為 ±3.46%。其中一個問題是「無論是否在世，你最尊敬的教牧是誰？」結果，第一位仍是永樂教會（Youngnak Presbyterian Church）創辦人韓景職牧師，佔 11.2%；第二位是愛的教會（Sarang Church）創辦人玉漢欽牧師，佔 10.6%；第三位是日治時期殉道的朱基徹牧師，佔 9.9%。這三位牧師皆已離開世界。當時仍然在世而排名最高的，是八十四歲的趙鏞基牧師，居第五而佔 4.7%（趙牧師於 2021 年安息主懷）。以參與社會運動聞名的文益煥牧師排名第七，佔 2.8%；《逆權司機》那部電影在結束前的簡約歷史附錄裏，加插了文牧師的影像。然而，這項調查引起我們注意的一個數據是，回答「沒有、不知、不回答」的竟佔了 28.5% 之多！以此，與最受尊敬排名的前七人中，已有五人成為歷史來看，新一代韓國教會的教牧領袖光環，的確隨時代而消失了。

無論如何，海外華人若只認識一位韓國傳道人，我也毫不猶疑地推舉韓景職牧師。

韓景職在世的九十七年人生，經歷足了上世紀的風雲變幻，那的確是大時代。上帝也幽默，讓他剛好在公元二千年的時候離世。首先，他在日治時期的北韓新義州牧養教會，又受政治迫害不得牧會，轉而在孤兒院事奉。以後因為蘇聯共產黨的影響，北韓政治轉型，他因而逃

到南韓。韓戰後，葛培理牧師（Rev. Billy Graham）於1956 年第一次的韓國佈道大會，由韓牧師傳譯。韓牧師牧養的教會不能不復興，原因很簡單，他除了擁有普林斯頓神學院畢業的高學歷，留學時也正值普林斯頓的新派神學之爭事件（1926 至 1929 年），親身經過了信仰的考驗。在美國罹患結核病的三年，又有死裏回生的得醫治經歷。似乎一位好牧師要具備的條件皆集於他一身了。1945 年南逃至漢城（現首爾），教會會友皆以南逃而家鄉在北韓的信徒為主。經歷了離鄉別井，吃過戰爭之苦，天國的福音對他們就有深層而真實的意義。韓牧師牧養的永樂教會在韓國人心目中首屈一指，是無庸置疑的。

1992 年，有基督教諾貝爾獎之稱的鄧普頓獎（Templeton Prize），於柏林頒發給了韓景職。他的獲獎感言可以成為我們認識這位韓國人最受尊敬教牧的簡介。[註] 此事讓當時已經有六萬會友的永樂教會無比興奮之餘，南韓有識之士也引以為榮，媒體亦廣加報導。在回國後的感恩禮拜，韓牧師的發言成為歷史回響的不變鑑戒。他說：

035

> 首先，我必須告白我是罪人。我曾經參與神社敬拜。這樣的罪人蒙神慈愛，能得到服事韓國教會的祝福，因此，神賜給我此獎。

韓牧師將獎金全部奉獻給北韓宣教和救濟事工。那是他的家鄉所在，更是留下他一生抹不去的污點之地。人們所認識的韓牧師是志節高尚，誠實勇敢的傳道人。但在政治壓迫的大時代裏，他經歷神社參拜的痛苦，從如今

九十高齡德高望重的老人口裏認罪之時，那是怎樣的教訓？又或是上帝要向今日未知天高地厚的我們，再展現一次祂的幽默？誰能明白？

註：韓景職牧師之鄧普頓獎獲獎感言：https://www.templetonprize.org/laureate-sub/han-acceptance-speech/

1991 年聖誕節，一位記者訪問韓景職牧師後留影（左為韓牧師）

被譽為最受尊敬的韓國教牧排名第一位的韓牧師，在氣質與
形象上是否與華人教會的滕近輝牧師有點相近？

사

第四章　另類韓流：朱光朝長老與朱基徹牧師

朱基徹牧師比主僕王明道早三年出生，他們在同一個時代的兩個國家為主作了美好見證。兩人都有為真道捨身的志節，所不同的是前者受日本人迫害而英年殉道，因此，朱牧師不但是信仰的見證人，更成了韓民族的光輝，就算韓國非基督徒和官方也無不敬重。王明道老先生是中國教會的見證，卻不一定被一般老百姓視為英雄。因此，細看韓國教會史，常常激起基督教與我們的家國情結。本章是介紹與筆者相識的朱牧師之子朱光朝長老的故事。在抗日勝利近八十週年之際，認識日治背景的韓國事迹，應可以為我們帶來一點反思。

還記得這是送別的晚餐，再有一星期我們就要離開韓國了。這也是我們全家頭一次單獨與朱長老和他太太一起用餐，過去都是在與電台有關的活動相聚，我們相識十多年來，這是第一次沒有公務社交性質的晚宴。飯後，朱長老拿出一套韓國茶具，盒子上有前任總統金大中的名字，原來這是春節的總統禮物。他將這套茶杯給了我們。說著話又將身上的領帶夾拿下，交給我，這領帶夾印有總統府標誌，背面是再前任總統盧泰愚的簽名，朱長老表示這是他使用的，雖然舊了一點，但更有濃厚的感情；連同成套的恤衫扣，一款三件的禮物放在我的手中，成了我們道別的紀念品。走出明洞區的那間酒店門口，他從懷中拿出信封遞給我的大兒子，說是作上大學的零用錢，更像祖父似的擁抱了他。

我們要與事奉了二十多年的韓國遠東廣播暫別，心中感

受良多。幾組送別的晚餐更是令人難忘。朱長老從來沒
有單獨邀約我們一家，這次是惟一一次與他太太和我們
全家見面吃飯，故此印象深刻。2003 年 4 月，他又正式
從韓國遠東廣播退休，使我們對他的懷念更加濃厚。朱
長老是言語沒有過失的人，這是我所認識的人中少有的。
他作見證雖是讀稿卻感情豐富。天下有一種人是言詞不
誇張，句句中肯的，聲調低沉而有凝聚力，這位老人就
有這種恩賜。因為北美的韓人教會增長也很快，他常有
機會被邀到遠方作見證。朱長老的見證幾乎千篇一律的
講他父親的殉道。雖然朱基徹牧師的生平已被拍成電影，
也編成話劇，但還是聽朱長老的自白最感人。

那時朱長老是七十多歲的慈祥老人，是韓國殉道烈士朱
基徹牧師之子。一般的韓國基督徒都認識朱牧師，因他
堅毅的精神與抗日犧牲，成了韓國民族英雄。而朱長老
又將其父的屬靈精神延續下來。他在韓國遠東廣播作義
工的這十幾年，我們夫妻能近距離與他往來，也見到他
贏得全體同工由衷的愛戴和敬佩。大家朝暮相處但能
更被尊敬不是易事。每次的早禱見證，他都留給我們
溫柔的震撼，這幾乎沒有其他講員可以相比，只是他平
均每年只講一兩次。他從韓國遠東廣播退下來，臨別的
最後一次分享，就是介紹母親留給他的遺產。以下是他
的講稿：

041

> 1938 年 2 月，我七歲的時候，父親因對抗靖國神社
> 的參拜而被日本警察帶走，七年以後，1945 年 4 月
> 21 日他在平壤刑務所殉道。那年，我十三歲。

我的三種禱告生活

每天清早五點鐘，母親逼我起牀為父親禱告，這成了對我的嚴格訓練。不但每日早上要禱告一小時，在沒有甚麼可吃的日子，還要禁食禱告或通宵禱告。

第二種是希望能夠吃飽飯的訴苦禱告。父親入獄以後，平壤山亭峴教會也就關閉了。我們一家不得不離開教會的住處，另租了只有一個房間的屋子。當局又不許教會會友來見我們。米的供給停止了，飢餓的日子比吃飯的日子還多。一碗粥也稀貴得要分作三次來吃，這樣對一個孩童的最迫切禱告也就是拼命求主給我飯吃。

第三種禱告是因為父親被關進監獄，我也就被迫不准上學，轉而在一間牙科診所作清掃的工作。但渴望求學的慾念一直在我的心中：「神啊！我願如其他的孩子，到學校讀書。」

死後來家的父親

父親的殉道對一個十三歲的孩子而言，不會認為是驕傲的事。最後一次面會的三、四秒鐘所看到的是身著囚服、頭被剃光的爸爸。之後三星期見到的父親卻是在蘋果箱改作的粗陋木棺裏冰冷的屍體。我帶著淚挨近屍身，發現他的腳滿是傷痕，慘不忍睹，腳趾甲被酷刑拷打得全都不見了。

剎那間，母親嚴厲規定的早禱和禁食，只要父親回

來情況就會好轉的期待，立刻都成了泡影，剩下的只是悲哀與忿怒。舉行喪禮的那天，我躲在廁所裏，向天痛哭大罵：「爸爸笨蛋，無用！」

爸爸在監獄的時候，我雖然沒能觸摸他的肌膚，感受他的體溫，但知道他在紅磚牆的另一邊活著，心中就得安慰。可是現在，將父親安葬在公眾墓園以後，哥哥們又要重新開始逃亡，母親被警察帶走，晚上只剩下我和祖母兩人在一起，看著她老人滿面皺紋與淚痕，我哭著喊：「上帝是甚麼？我決不作牧師。」

八一五解放的悲哀

先父朱牧師殉道一年四個月後，日本戰敗，韓國解放。心想：若爸爸多活一年半，就能體嘗國家光復的歡欣，為甚麼神偏偏叫他在這之前離世？母親曾說，上帝必定垂聽我們的呼求，過去七年來不斷的禱告與禁食，難道神又聾又啞？祂不但沒有垂聽禱告，反而在刺傷我這年少的心靈。

八一五國家光復以後，我埋怨神，並自負的認為不需要神而只靠自己也能成功，認為是神將我父親的生命奪去，使我對父親的懷念變成絕望，再想到母親堅決的信仰，這一切，反而更使我變得叛逆神。

不久母親患了乳癌，動了手術正在家療養的時候，有稱為「人民委員會幹部」的來訪，他們展示了一箱

鈔票，一份南山洞一棟住宅的地契和江西郡農田地契，表明是金日成將軍對朱基徹牧師的抗日精神的表揚。我母親堅定的拒絕接受，並說：「朱牧師不是為得這世上的獎賞而犧牲，他只是順服神的旨意而殉道，獎賞自有神來預備。」

或許母親注意到我的表情，等那些人離開以後，她很嚴正的對我說，以後不許藉父親的名獲得利益，然後叫我讀詩篇三十七篇 25 至 26 節。

我父親朱基徹牧師殉道時，並沒有留下任何物質方面的遺產。我和其他殉教者的後裔幾乎都要經歷飢餓、埋怨和挫折。兩年後，母親也去世了。她從聖經裏挑選的聖經經文成了我領受的全部遺產。

九二八事變時，我得到的第一個消息是在平壤長賢教會事奉的小哥被共產黨迫害而殉道。

國家的危機、死亡的不安、民族的貧困、無終無盡的戰爭，以及外國軍兵的藐視與譏諷，對我這個近二十歲的小伙子是難熬的折磨。我變得只靠酒精來麻醉自己，逃避這些重壓，我的生活開始頹廢。下班後泡進酒館，直到喝得酩酊大醉，忘掉一切為止。

1954 年 12 月聖誕節，我結束了四年三個月的兵役，第二年報讀延世大學。但孤單，過勞，一年後的肺結核檢查結果，使醫生勸我休學養病。若是身體差

到醫生要我休學，無疑等於失掉我能存活的盼望。那時偶而想念仍在北韓的祖母，我會不自覺的再走進教會。然而，牧師又以殉教英雄朱牧師之子來表揚我的時候，我的內心有被諷刺的傷痛。我所需要的是實際的資助而不是口頭的讚美。

由於母親臨終時叮囑我不許借賴父親之名獲利，我不得不謹慎言詞，不曾向任何人吐露我的生活拮据。朱基徹牧師的殉道週年大會上，我領回來的是紀念獎牌。而對一個已經瘦成五十二公斤的肺結核病人，獎牌不再具有任何意義。我埋怨過母親阻止我靠父親之名得利的遺言。我唾棄了教會，走進世俗，雖為名牧之子卻在沒有上帝的天涯徬徨了足足十年。

妻子的出現

既然我的父親是因上帝而死，我對先父的懷念之情逆轉成對「我父親的上帝」的怨尤，我不但棄絕祂，更以年輕人的執著氣志，誓言靠自己的努力開創人生，就是這樣我與這位上帝愈來愈遠了。

可是，可是……神的恩寵透過一個女子向我顯露。當我孤僻地為生存奮鬥的時候，取走父親生命的上帝送來一個女子，讓我領悟愛的信息。

初次遇到我的妻子的時候，我是一個高齡的大學生。因四年多的兵役，等我走進大學時，高中的同學已

045

經大學畢業踏足社會了。無父無母的孤兒，一餐之後不知是否能有另一餐的貧困，肺結核患者，前途根本不能穩定的青年，是我當時的簡介和履歷表。

我怨恨為了忠於上帝而選擇死亡並遺棄自己兒子的父親。我棄絕曾熱心禱告過卻高高在天又無法望見的上帝，我的心靈在孤獨地背負重壓。二十五歲那年，我遇到了我的妻子。1956年9月，我的妻子出現以後，我常年的徬徨終止了。其實，內子與她的家人都是非基督徒。一年最多也就有一兩次與朋友到教堂坐坐禮拜，僅此而已。她因著貧病的男友，放棄了自己的理想，並將自己的一生擺在這個男學生的將來。

靠著內子賺來的學費，我終於大學畢業。因著內子的溫情照顧，我的身體漸漸康復。由基層職員開始工作的石油公司職務，七年後升為部長，再三年後晉級社長，全是內子的深愛與輔助所成就的。

與她的意願毫不相干，某一天，她突然發現自己成了一位著名牧師的媳婦。雖然從未見過這位公公，但既然是牧師的家媳，就要努力學作基督徒媳婦之道，她開始認真的進出教堂了。我身為牧師之子的信仰冷漠不但沒有沖淡她的熱忱，反而因著她對丈夫的愛，堅信神的信實，更證實了上帝那隱密的慈愛。1976年12月，我隨著妻子走進永樂教會（筆者註：南韓最大宗派之最具領導地位的教會，會友

約五萬人），在那裏，有神豐厚的恩典等待著我。在永樂教會結識了幾位朋友，又組織了「以馬內利」查經團契，特邀河用祚牧師（大地教會之堂主任）指導。兩年半以後，我冰冷的心開始溶化，與上帝有了新生命的關係。「要脫離過去的傷口，現在可以重新開始。神由始至終不會將不能背負的試煉加在朱執事的身上（林前十 13）。雖然由於環境有過挫折和苦難，但神是信實的，藉著試煉朱執事能得更大的榮耀尊貴（彼前一 6～7）。」河牧師的這番話幫我從真理中得到釋放。「你們必曉得真理，真理必叫你們得以自由。」（約八 32）我體驗到主耶穌的應許。過往對父母的所有怨尤轉變成敬佩的種子，漸漸發芽。父母培育的童年至少年的那段信仰訓練，原來有深厚的愛。

我曾多次埋怨神，離棄祂，但祂的愛沒有離棄我。為了證實這份愛，我流失了太多歲月！也曾不滿父母沒有遺留任何物質給我，但是後來才知，殉教者的子孫本身就是最有保障最非凡的祝福。母親給我的經文成了我最寶貝的遺產，是的，義人的後裔必竟不會討飯。直到如今，我能渡過逆境，能夠走過世人所謂的成功之路，絕對不是因我有甚麼本事或才能，也不是甚麼特別的好運臨到我。倒是我深信父親母親和年邁的祖母不間斷的迫切代禱，蒙神垂聽，使上帝的浩瀚大愛和恩典臨到了我……

朱長老於 1993 年 3 月在工作近三十年的石油公司榮休，

由他夫人穿針引線來到韓國遠東廣播作義務全時間同工，執掌電台業務部，後任副台長和顧問。他的辦公室就在我們隔壁，內子玉琴和我曾在壓力難解的事務上向他請教，接受指引。他雖在 2003 年 4 月離開遠東，但於次年 6 月的最後早禱會裏，我在台上看到他老人家坐在下面，是因著我們夫妻而來的。6 月 28 日在駛往機場離境之前，我們也特別致電跟他道別。因著遠東廣播在韓國的事奉，使玉琴和我認識了許多韓國朋友，其中更有親似家人的，而朱光朝長老是我們最想念的一位同事、朋友、長者和主內「家人」。

> 「我從前年幼，現在年老，卻未見過義人被棄，也未見過他的後裔討飯。他終日恩待人，借給人；他的後裔也蒙福！」（詩三十七 25 ～ 26）
>
> ——朱長老從母親領受的遺產

1937 年平壤山亭峴教會的同工合照，前排左四為朱基徹牧師

平壤山亭峴教會創立於 1906 年，是平壤市內的第四間禮拜堂。朱基徹牧師於 1936 年 7 月應聘為該堂主任牧師。同年 7 月 1 日，美北長老會的宣教會會議中，與會者以十六票贊成、六十一票反對，議決就日治政府的神社敬拜不作妥協，而這項議決則令教會學校被關。此照片乃朱牧師就任後第二年留影，一年後（即 1938 年）的 4 月，朱牧師在教會受逼迫下仍堅拒神社參拜而首次被捕。朴容奎教授的專書《平壤山亭峴教會》的副題便稱該堂會為「喚醒韓國教會與民族的教會」。

第五章　堂主任世襲：韓國教會持續腐敗的警鐘

全球最大長老會堂會之一的明聲教會（Myung Sung Presbyterian Church），位於首爾市江東區，號稱有十萬會友，實際崇拜人數為一萬五千人，其堂主任一職，由該堂元老牧師金三煥（Kim Sam Whan）交由其長子金哈那（Kim Ha Na）擔任，就任禮拜於 2017 年 11 月 12 日舉行。

韓國基督教最大宗派之長老會分兩大派別，即保守派之統合派與開放路線之合同派。長老會統合派總會已於 2013 年議決禁止主任牧師之世襲行為，其條款「26 條 6 項」明文規定「退任之堂主任不可由其子女或配偶接任」。新議案表決結果以 84% 之票數通過實行。由於明聲教會觸犯宗派內之新法規，又因該堂為具影響力之超大教會，其總會裁判部就此案之審議和判決，引起廣泛關注。

同時，韓國基督教界對世襲歪風早已議論紛紛，明聲教會案最終判決於 2018 年 8 月 7 日宣佈，裁判委員十五人中，八人持贊成立場，七人投反對票。明聲教會之堂主任父子世襲在宗派內既判定為合法，總會裁判部七位持反對立場之委員，全數辭職抗議。消息公佈之後，基督教媒體以至社會主流媒體輿論一片譁然。全國最大媒體之一的 KBS 電視台時事節目《事事件件》以十三分鐘分析該事件之是與非，主持人表示「世襲」多用於北韓政府，如今則發生於韓國首爾之基督教內。教會元老之一的金東鎬（音譯）牧師接受 CBS 廣播節目訪談時，更直言這屬公然的「強盜行為」。

明聲教會建立於 1980 年，由金三煥牧師直接開荒創建。
至其法定退休之七十歲時（韓國教會公認之退休年齡），
該堂已成為每日舉行四堂晨更禮拜，出席人數達六千人，
堂會教牧同工 66 人，差出宣教士 102 人，另支持 186
名宣教士的堂會，實是令人刮目相看（以上數據根據該
會 2018 年 8 月 12 日主日週報）。該會一年財政預算約
為千億韓元（根據上述 KBS《事事件件》節目），相等於
七億七千萬港元。

金牧師屬韓國基督教界領袖人物，包括兼任教會聯會、
福音機構、福利機構、醫院、神學院和大學等帶領職務。
他的長子金哈那牧師畢業於首爾長老會神學大學、美國
普林斯頓大學和新澤西州德魯大學（Drew University）並
獲哲學博士。父子二人皆曾表示不會步世襲後塵，故於
2014 年由母堂資助金哈那牧師開植分堂，金哈那牧師
牧養新歌明聲教會，短短三年間聚會人數達二、三千人
之眾。母堂之金三煥牧師於 2015 年依法退休。但 2017
年，明聲教會決定與分堂合併，並聘請分堂主任牧師金
哈那為原明聲教會堂主任。由於母堂主任牧師已經退休
兩年，明聲教會堅稱並未觸犯總會之世襲法規。整個事
件，由 2017 年 11 月延續至翌年 8 月，使已經被世襲腐
蝕的韓國基督教，其聲譽進一步受損。

據裴得萬（Bae Dawk Mahn）執筆的《教會世襲，萬萬不
得》（교회 세습, 하지 맙시다；홍성사，2016；中文書名
為筆者所譯，原書英文譯名為 *Saying No to Hereditary
Power in Church: A Report on the Movement of*

Christian Alliance against Church Inheritance），書中披露世襲傳承的代表性教會與機構有循道會廣林教會（該宗世界最大），2001 年由原堂主任之子接任新堂主任；學園傳道會金俊坤牧師（Joan Gon Kim）之領導職務由女婿於 2002 年接掌；《國民日報》由趙鏞基牧師兩個兒子分別於 2006 年和 2012 年接任會長。書中詳列之世襲傳承教會為數一百二十多間，其中會友在一千人以上的佔四十七間。走筆至此，悲歎教牧多年忠心事奉使教會增長後，又墮入權與利的陷阱，被貪腐的枷鎖捆綁！一部跌入黯淡的教會史，竟活現在我們眼前。

明聲教會現今外觀

該會建立於 1980 年，由金三煥牧師從零開始植堂增長至近
十萬人的教會。其特點為禱告會的著重與每日舉行多場晨禱
崇拜。筆者聽過他幾次講道，金牧師講道風格平易近人，多
生活應用，少神學辯解，傳講中段常有詩歌獨唱與信息結
合，以引發共鳴與感動會眾。

第六章　揭底風潮與教會領袖的考驗

韓國教會齊名的三位長輩領袖：趙鏞基、金三煥和金章煥，前兩位在網絡自媒體時代，皆有負面新聞的報導，惟獨金章煥牧師似乎例外。可是，在後現代媒體生態下，他也難於倖免。2019 年 1 月和 6 月，一個立場較前衛的基督教網絡媒體，兩度以專題並深入涉獵的資料，揭露了金章煥牧師領導的韓國遠東廣播資產和子女與電台的關係。

金章煥牧師現年八十八歲，於 1974 年首次在國際大會亮相，為洛桑國際福音會議的靈修查經講員之一，當年四十歲；這場會議共八位大會講員中，當中有我們認識的滕近輝牧師。在此前一年，金牧師是葛培理在漢城佈道大會的傳譯員，一同事奉於百萬人聽道的盛況，而金牧師與葛培理牧師成為忘年之交。在 2018 年，葛培理的安息禮拜中，金牧師是惟一一位來自亞洲致悼辭的牧者，當時美國總統和副總統亦有參與其中。

韓國遠東廣播公司的歷史，可追溯自 1956 年的協同會電台和 1973 年的遠東廣播電台。1977 年金牧師正式出任兩機構合併的負責人。1989 年開設了當地第一座 FM 電台以來，至今全國已經開拓十座 FM 電台和維持原先的兩座中波國際電台。五十多年來，金章煥牧師帶領一間由一百人增長至七千多人的教會，另有養老院、學校及青年歸主協會（Youth for Christ）等事工。十多年前他於教會退休後，繼續以董事會主席的身分，領導韓國遠東廣播的十二座電台。

前述的基督教網絡媒體從韓國當局的放送通信委員會取得資料，將遠東廣播由 2002 至 2017 年的財政收入和資產公諸於世。2019 年 1 月 30 日的新聞標題是「資產僅次於 MBC、KBS、SBS 的極東放送」。「極東放送」就是遠東廣播，而前面的三家公司是領導韓國的三大電視台和廣播電台。在數十家廣播電台之中，非營利機構基督教的極東放送名列第一，擁有資產 3,369 億韓元，成為一時的新聞話題。但是記者無法理解，為何獨有極東放送不支付演出者謝禮金？為何幾乎所有嘉賓皆為義務事奉？

那個持前衛立場的媒體另一關注點是，金牧師的三個子女與電台的利益關係。長子雖是牧師，卻有自己要肩負的數千人的教會和基督教學校，與極東放送無關。長女已身在加州，是該台在北美的聯絡員，利益關係並不明顯。次子是形象謙和的魅力領袖，在大田市牧養一間中型教會，他肩負了該市的極東 FM 電台台長之職。據筆者所知，他是義務身分，而他也勇敢答應此網絡媒體的採訪，做出合理的回應。因此，2019 年該基督教網媒的兩度報導，並未帶來韓國遠東廣播和金牧師聲譽的負面影響。不過，一代極盡燃燒自己的威權牧者，隨著後現代的到來，已不復存在了。最近的新聞自由指數排名，韓國已上升為亞洲最高，任何人都可向其他人報導新聞的當下，韓國也不例外。今日眾目睽睽下的傳道人必須好自為之，尤其是教會中的領袖和機構的負責人，陷阱與考驗已經不是當年那麼單純了！

칠

第七章　一代「英雄」

「英」雄」是韓國遠東廣播董事會主席金章煥牧師對趙鏞基牧師的評語。前世界浸聯會會長和前世界五旬宗會長，互為好友。趙牧師的安息禮拜由金牧師擔任講員，自是理所當然。「一代」是我的觀察，英文就是 a hero of his generation。

趙鏞基牧師（1936～2021）是韓國佈道家，也是跨國講員。他自學英語和日語佈道，自稱繞了地球一百多遍，去了六、七十個國家傳福音。他也真是上世紀七、八十年代教會增長高峯期和牧養基層的韓國典範牧師之一。

趙牧師成長於韓戰後的蔚山和釜山市，那時正是一個極度貧困的時代。十七歲那年他患肺結核，被診斷只能活半年；經姐姐的朋友熱心傳福音，使他經歷神蹟，一年後康復。趙牧師遂放棄家族的佛教傳統，歸信耶穌。由美國宣教士推薦並資助，報讀首爾的五旬節宗純福音神學院。兩年後以優異成績畢業。這期間他將西教士的三千本英文藏書全都閱覽。

1958 年畢業後，他與同班四十多歲的崔子實傳道在首都的貧民區（佛光洞）開拓教會，共五個人聚會（包括崔傳道和她的家人）。三年後，教會增長至五百人。趙牧師從兵役退伍後，1964 年教會已有近千人聚會。這時地點已遷往我家附近的西大門區十字路口處。1969 年教會會友達二千人，湧入首都找工作的流民，很多在那裏得到醫治並努力面對新的人生。1973 年，憑信心推動，可容納一萬座位的汝矣島純福音新教堂落成。1992 年，該教

會號稱已有七十萬會友，植堂四百多間，成為教會增長學傳說的世界最大單一教會。[註]

排除爭議性的負面傳言不說，趙牧師有下列特點，是我們應該知道或反省的：

一、他從經驗和實戰中體認基督教的信仰，但他仍以聖經為本。

二、他的歸主與病得醫治有關，他所牧養的羣體多是病痛、貧困和絕望的基層小民。所以，他認真祈禱，熱心尋求醫病的恩賜和傳講盼望的道理。

三、他身體軟弱，但勤於自學，例如自學日語講道。開始事奉後十年，在一間普通大學取得學士學位，同年也獲得美國五旬節宗神學院的榮譽博士學位。

四、他的講道平易近人，忠於聖經又有趣味，更緊貼十架救恩和生活的實際需要。（他在遠東廣播的韓語和國語版講道節目「活水之泉」，我們收聽了近二十年。）

五、他性格直爽樸實，注重聖靈，勇於冒險和創新，強調積極思維和夢想。

六、他的信仰內涵是基要派，著重上帝主權的恩典，而非「靈恩」路線。但上帝將他放在需要「靈恩」祝福的羣體中，他直言自己也不明白。

七、他曾被韓國主流的長老會神學界批評為「似而非」（韓語）和「異端」。香港也有神學教授作類似的評價，但我們發現基於書本和間接資料的評論，往往忽略了當事人的文化處境和牧養現實。

八、上世紀七十年代，葛培理牧師應邀主持純福音中央教會的教牧講座。國際福音大會期間，滕近輝牧師也曾到純福音中央教會證道。他們都有較寬廣的擁抱胸懷。

九、進入二十一世紀，趙牧師逐漸被主流教會重新接納。在長老會中富影響力的愛的教會和大地教會也相繼邀請他主持聚會。時光成為最好的試金石。

趙牧師的喪禮期間（五日葬），時任總統文在寅亦致送花環表達悼念。弔文大意為：在貧困的國民中，他是位撒下希望的種子，並激發基層迎難向上的牧師。當下屆總統候選人尹錫悅也前來問喪時，金章煥牧師於現場邀請一眾教會領袖特為這位非基督徒總統候選人祈禱。這一場景，正體現韓國教會的特點。我看，也是趙牧師走後留給韓國教會的回眸一笑！

註：純福音中央教會號稱有七十萬信徒的說法，是在 1993 年開始的。但我們知道該教會於汝矣島的教堂，一次崇拜最多可以容納兩萬人。若以一天十堂崇拜來計算，充其量只有二十萬人次，而且必須每堂座無虛席。因此，七十萬信徒不是我們概念中的計算方法，而是納入其他分堂的合計概念。況且在崇拜時，該教會的確有衛星轉播，使所有純福音教會（海內外）可一同崇拜，如此計算的總數也不無可能。無論如何，趙鏞基牧師和他所建立的教會仍屬傳奇級的。

世界最大單一教會之汝矣島純福音中央教會（圖片左方之金黃色
建築）

由於疫情影響教會財政收入，該教會於 2021 年 7 月將教會
屬地之 8,264 平方米（約 2,504 坪）地皮，以 3,030 億韓元
售予房地產發展商 HMG Global。售出之地段為首爾市永登
浦區汝矣島洞 61-1 番地。筆者年輕時多次到訪該教堂，曾
與師母在 1985 年 11 月第二主日參與大堂主日崇拜，第二
天長子出生。

팔

第八章　往低處流去：一篇社論

2005 年 10 月 31 日,《朝鮮日報》的社論標題是:「兩位元老醫生和一位牧師」。我們不一定看韓文報紙,讓我暫譯原文如下,請大家讀一讀:

盧寬澤(音譯)醫生,曾任韓國最高醫療機構首爾大學醫院院長和大韓醫院協會會長。朱陽慈(音譯)醫生,曾任國立醫療院長和國家福祉部長。這兩人於今年 9 月退休後,分別到農村的兩所醫院擔當「農村醫生」,於他們寄來本社的文稿中,滿有感懷的表示:「好像真正開始享受作醫生的滿足」。

兩人表示:「或許是因名醫之名,有人從遠方慶北英德來就醫。」「也有拿著首爾聯合醫院的診斷書,請我們再斷診的。」「還有帶著農村豐收的柿子來看醫生的,是半似害羞半似禮貌的農民真情。」兩位醫學界元老為準確斷症,他們在退而不休的七十多高齡,重新鑽研醫學新知。兩人正在合力研究老人聽力障礙的對策,計劃將更好的助聽器免費贈助年長聽障人士。

牧養山地教會的全生秀牧師,牧會十一年後,轉到以老人居多的農村,牧養一間有四十多位老信徒的教會。兩週前,他患腦中風離世,臨死前將身體器官捐贈給七人。他在遺囑裏說:「直到今日,我在社會是個邊緣人,沒有財產,沒有穿好吃好,但也沒有缺乏,以後也無特別需求和苛求,為此我感恩。」

以上三人是在自己本份上盡責的人，他們的生活如清泉流水，自然美麗的往低處流去，成了以感恩的心度晚年的模範。這樣的流向使我們的社會產生清靜的空間，能活出這種生命的人本身就是自己的祝福。

在一個以高升高薪高爬等同成就指標的時代，這篇社論卻說：「他們的生活如清泉流水，自然美麗的往低處流去，成了以感恩的心度晚年的模範。」另外，將成就非凡的醫生和默默無聞的傳道人平行表述，且出自一份非宗教的報刊，值得我們深深省思，也觸動我的心。

教會篇

구

第九章　韓國教會歐化衰落的開始

2015 年韓國統計廳實施的每十年人口普查披露，基督教（新教）信眾為 9,676,000 人，佔總人口的 19.7%，按筆者所見，此比率仍是二十年前的水平（參下表，1995 年亦是 19.7%）。數據公佈後，韓國媒體和教會普遍認為，九百多萬的信眾調研資料不可靠。最明顯的問題是，韓國幾大宗派本身的統計皆顯明教會人數的負增長。例如最大宗派之大韓耶穌教長老會合同總會於 2016 年有教友 2,700,977 人，但 2013 年卻是 2,857,065 人，2014 年為 2,721,427 人，人數於三年間減少了十五萬人；同屬大韓耶穌教長老會的統合派現為 2,789,102 人，但 2015 年卻是 2,810,574 人，信眾人數正在遞減之中。第二大宗派之基督教大韓監理會現為 1,297,281 人，但 2015 年卻是 1,375,316 人，減少了 5.7%，創下近二十年負增長最大比數；另一宗派韓國基督教長老會亦未突破此一趨勢，由 284,160 人減少了 6.9%，剩 264,743 人。其實從人口普查的資料顯示，韓國教會二十一世紀的負增長現象，已成為韓國基督教界需要努力克服的教會難題之一。從調研資料顯示，2005 年是負增長開端的標誌年。然而，另一日益嚴重的問題是受洗基督徒不再聚會的現象，這趨勢也顯出韓國教會恐步入西方教會信徒「出走」（dechurched）的後塵。

根據韓國延世大學社會學博士丁哉榮的研究和他引用的資料顯示，韓國八百六十萬基督徒中，有一百萬屬不去教會的信徒，但他們大多數仍持守著基督信仰。出走信徒的原因有下面比例：（1）想過一個自由的信仰生活（30.3%）；（2）對牧者傳道人不滿（24.3%）；（3）對信

徒不滿（19.1%）；（4）對信仰灰心（13.7%）；（5）沒有
時間（6.8%）；（6）個人的原因（5.7%）。（參丁哉榮：
《不去教會的基督徒》〔교회 안 나가는 그리스도인；IVP，
2015〕）信徒的出走，令不少關心教會前途的牧者和專
家憂心忡忡，不同的論述和著作紛紛發表。的確，我們
沒有人願意看到韓國教會在靜悄悄之間，步入歐美教會
衰退的後塵！

年度	總人口	新教會友數	與人口比率	天主教會友數	與人口比率	新教與天主教比例 （新教 =1）
1950	20,188,641	500,198*	2.5%	-	-	-
1960	24,989,241	623,072* 1,524,258*	2.5% 6.1%	-	-	-
1970	31,435,252	3,192,621*	10.2%	-	-	-
1980	37,406,815	7,180,627**	19.2%	-	-	-
1985	40,419,652	6,489,282	16%	1,865,397	4.6%	1:0.9
1995	44,553,710	8,760,336 (+35%)	19.7%	2,950,730 (+58.2%)	6.6%	1:0.37
2005	47,041,434	8,616,438 (-1.6%)	18.3%	5,146,147 (+74.4%)	11%	1:0.6
2015	51,069,375	9,676,000	19.7%	3,890,000	7.9%	1:0.4

本表數據出自韓國統計廳，另外參照：* 韓國宗教社會研究所出版之《韓
國宗教年鑑》（1993）；⁺ 韓國基督教教會協議會出版之《基督教年鑑》
（1970）；** 文化公報部出版之《宗教法人與團體現況》（1980）。

십

第十章　韓國教會的「流徒」現象

離開本身所屬的堂會，不再回到教會崇拜，但仍然持守信仰的基督徒，在韓國被稱為「迦南基督徒」。西方所言之「無教會者」(churchless)、「出走信徒」(dechurched) 或「不聚會者」(unchurched) 現象，在過去十年也開始受韓國教會領袖關注。他們是有信仰但沒有返教會的基督徒 (believing without belonging)；他們是無法忍受「制度教會」內長久累積的嚴重問題，而尋找新教會的基督徒。韓國學者梁熙松教授 (Yang Hee Song) 所自創的新名詞 Kanaan，就是將應許美地「迦南」(Canaan) 和「韓國」(Korea) 拼在一起，意指流離的信徒，筆者暫以「流徒」稱之。就筆者所蒐集的資料顯示，早於 2010 年開始，這方面的論文就開始傳播，2014 年和 2015 年更有較佳的專著出版。

2018 年 11 月 30 日，韓國教會探究中心和實踐神學大學院兩機構聯合舉辦了講座，主題為「『流徒』信仰生活探究」。講員之一的丁哉榮教授披露最新的調查研究，指出不再出席教會聚會的信徒已達基督徒人口的 23.3%；此數字相較 2012 年的調查 10.5% 增加了一倍多，令人驚奇！若以 2015 年人口普查的基督徒人口為 967.6 萬人計算，丁哉榮表示，今日不再回教會聚會的韓國基督徒為 200 萬人。

講座主辦單位委託韓國調研機構，於 2018 年 10 月 4 至 16 日，針對全國 826 位「流徒」所作的網上調查顯示，一年聚會少於兩次的信徒離開教會時間比例依次為：0 至 5 年（佔 52%）、6 至 10 年（佔 28%）、11 至 15 年

（佔 6.8%）、16 至 20 年（佔 9.1%），20 年或之前（佔 4.1%）。所以，最近十年離開教會的信徒佔了足足八成。離開教會的原因是：沒有聚會意欲（佔 31.2%）、個人原因（佔 18.8%）、要過自由的信仰生活（佔 13.9%）、沒有時間（佔 8.4%）、對信仰灰心（佔 7.8%）、對教牧不滿（佔 6.3%）、對信徒不滿（佔 5.8%）、教會過分強調獻金（佔 5.2%）。此次調查與之前（2015 年）的最大差別在於，「對教牧不滿」不是之前的第二位，而最主要原因是「沒有聚會意欲」。「要過自由的信仰生活」由之前的首要原因，退到第三，可以推測韓國信徒極度渴望掙脫教會捆綁或從信仰中得著釋放。（有關 2015 年的數據，參本書第九章）。

另一方面，梁熙松教授認為信徒出走現象雖然嚴重，但對韓國基督教整體仍有積極意義。他在 2018 年 8 月發表的論文〈誰懼怕「流徒」？〉（"Who's afraid of Kanaan Saints?"），除了為「流徒」作正面的定義，還將他們擺在宗教改革的教訓下思考。換言之，當接近四分之一（23.3%）的基督徒從建制教會（韓文謂「制度教會」）出走，卻仍然持守著信仰時，必定會對教會論教義帶來新的衝擊，甚至現存教會的各種醜聞與尚未顯露的問題，必須是面向將來要嚴肅對待的課題。他的一句「我從流離聖徒中，看到馬丁路德的影子」，留給我們的，難道是要歷史重演的震撼？

십일

第十一章 「新天地」的魅力與魔法

李萬熙是韓國家喻戶曉的異端教派教主，他於 1984 年創辦的「新天地耶穌教證據帳幕聖殿教會」（以下簡稱「新天地」）被稱為目前韓國最大的異端。「新天地」的神祕面紗，在 2020 年 2 月的新冠疫情爆發後，廣被海外媒體注意。同年 8 月 1 日，韓國司法部門正式以多項罪名拘捕李氏和該教派骨幹分子。然而，正如一些異端教派，令人不可思議的是，入教的信徒仍然相信他是不死的化身。李氏曾因與前教主柳在烈不和，被控毀謗罪，於 1980 年坐牢，次年出獄；但他在 1984 年以十幾個人另立門戶的「新天地」，竟可以在八十年代末增加到一千人，2000 年達到萬人，2010 年為十萬人，至 2020 年已經成為韓國號稱信眾有二十萬人的大異端。其中的原因，可由宗教社會學或社會心理學等角度進一步探討。但就筆者於網媒節目和基本文章所見，「新天地」將洗腦教育和組織性詐騙發揮至極。

韓國基督教電台 CBS 根據 2017 年 11 月 23 日大法院（終審法院）的判決，編製了一套八集紀錄片，2019 年 3 月上載於互聯網。其主要內容為攝錄一間輔導中心的個案處理過程，半年內收錄了約二千小時輔導場景。八集分題分別是啟示錄、青春、中毒、謊言、創傷、家庭、人、神的道；整套系列命名為「墮入新天地的人們」。第一集「啟示錄」點擊人次為一百一十八萬多。就筆者以 YouTube 連接其他節目的頁面顯示，有關「新天地」的視頻節目點擊人次為六位數的（即十萬至九十萬人次）便有二十四集。其中收視最高、點擊達三百一十三萬人次的訪問是 2016 年 6 月上載的節目，內容涉及一位神學

院一年級青年被「新天地」接觸八個月後脫身的見證。

「新天地」以啟示錄為教義經卷，用對號入座式靈意解經，最終將結論推到李萬熙是上帝的化身。在每年約四萬位參加所謂「福音房」的一對一查經的人之中，四成為大學生，一年後有兩萬人能畢業晉級。「新天地」的組織等級分明，有高水準心理操控技巧。自創名堂如「肉相談」（肉身輔導），是以現代心理測試的 MBTI 和 SWOT 工具查出對象的實際需要，並加以滿足。「新天地」會員不許上網，並將教會輔導事工妖魔化，這在二十一世紀的韓國青年一代竟然也可以實現，可見他們的洗腦功夫和操控手段達到極致。若是在大學校園附近，有年輕人作問卷調查，或以媒體訪問為幌子的活動，那就是「新天地」的活動。記者們表示，教會的休閒空間若有陌生人查經，其中甚至有認識的肢體，也不要掉以輕心。聽起來像是誇張，「新天地」會員彷彿無處不在，包括在監獄裏。萬一將來李萬熙離世，「新天地」會否瓦解？節目視頻裏的調查顯示，答案是否定的。「新天地」的魔法是他們不擇手段，根據那位一年級神學生所言（其他人也作證），他們的傳道方法與時俱進，不斷更新，靈活創新，以滿足「獵物」的需要，而且最重要是他們沒有倫理道德的包袱。只要「新天地」是隱形的，也只要現代社會有各種壓力和創傷存在，那些肯二十四小時傳道的各級「新天地工人」，就一定會散發他們的「魅力」。

십이

第十二章　國際化富豪異端：統一教

008 年對韓國基督教是有特殊意義的一年。聞名全球的韓國基督教教派，趙鏞基創建的汝矣島純福音中央教會，以及文鮮明創建的世界基督教統一神靈協會（簡稱「統一教」），皆於這年宣佈了其接班人，標誌了自韓戰以來韓國宗教史裏一個時代的結束。前者是世界基督教五旬節宗裏最大的堂會，後來自立為宗派，號稱有七十萬至一百萬會友；後者的蹤迹遍及約一百個國家，會友約在二十萬人左右，由文鮮明的三子哈佛大學畢業的文憲進繼承父位。純福音中央教會為基督教的教派之一，而統一教則無論在教主的操守、婚姻道德、財務管理、傳教手段，以及教理內容，皆為明顯的異端。

探討人類學課題的書 *Magic, Witchcraft, and Religion: An Anthropological Study of the Supernatural*（McGraw Hill, 2005）收錄了一篇研究上述教派的文章〈南韓：現代化的驅動，福音化的躍進〉（ "South Korea: Modernization with a Vengeance, Evangelization with the Modern Edge"），作者為 Steve Brouwer、Paul Gifford 和 Susan D. Rose。文中將導致韓國宗教興起的二十世紀背景先作披露，然後介紹趙鏞基和文鮮明領導的兩類教會增長現象與其時代的關係。這篇原版約二十六頁的文章，雖是 1996 年的作品，但卻提供了一般網上資料難以找到的分析。文章給我們看到統一教至少有下列三方面特點：

一、財富實力：以上世紀八十年代為例，統一教來自美國的收入為每年兩千萬美元，來自日本的收入是一億兩千二百萬美元，其中九成轉用到其他國家；

來自韓國的則有每年一千萬美元的進帳，多屬統一
教旗下的統一企業集團的收益。至 1990 年，文鮮
明已經擁有了烏拉圭的十間銀行，另有資金投入中
國汽車市場，據上述研究文獻，中國大陸曾批下了
統一教兩億五千萬美元的投資。1993 年的一份調查
顯示，文鮮明在全世界控制的商業資產為一百億美
元。雖然，文鮮明本人一度因稅務問題於 1982 年
被關入美國聯邦牢獄一年，但分析人士也承認，統
一教的圈外人不易知道其資金的來去實情。

二、傳媒攻勢：自 1982 年開始，統一教每年投入數以
　　百萬美元計算的資金在傳媒的宣傳，以美國右翼的
　　報紙《華盛頓時報》（*The Washington Times*）最著
　　名，這是列根總統任內的主要參考媒體之一；另有
　　New York Tribune（紐約）、*Noticias del Mundo*（紐
　　約）、*Ultimas Noticias*（烏拉圭）、*Mid East Times*
　　（克里特島〔Crete〕）、*World Daily News*（日本）等。
　　其辦報理念為，以右翼思維跟左傾的共產思想交
　　戰，這在以基督教為主調的美國極易取得政要和
　　讀者歡心。韓國讀者皆知《國民日報》是基督教背
　　景，而《世界日報》則是統一教財團的喉舌。

三、拉攏政要：統一教透過學術講座、交流會議和出
　　版來發揮另一方面的影響力。如創辦世界和平教
　　授學府（Professors for World Peace Academy，
　　簡稱 PWPA）邀請退役的美國軍官和外交官發表
　　論文。透過 PWPA 組織，統一教於 1993 年還收

購了美國康涅狄格州的橋港大學（University of Bridgeport）。韓國當地教牧一般認為，凡有「世界和平」（韓文為「世界平和」）和「反共」字眼的高檔次學術講座，而且有優惠接待的，都要特別小心。因為，他們不會打出統一教的招牌來舉辦學術會議。PWPA 出版的系列專書中，八十年代後期的論文集舉例有 *Taiwan in a Time of Transition*、*Chinese Economic Policy*、*Political Change in South Korea* 等。The Washington Institute for Values in Public Policy 則是專門以政界人士為對象的學術機構，每年的講座和出版開支為一百五十萬美元。此外，還有更多的種類、不同層次的出版。從政治的角度而言，統一教持反共的保守立場，這與該教創辦人文鮮明來自北韓的背景息息相關，它又誘引了美國大眾的認同。

文鮮明生於 1920 年，據傳十六歲得到啟示，二十七歲時加入有神祕色彩的北韓基督教會，於二十六歲時在已婚的情況下，另強逼有夫之婦與其結婚，因此 1949 年被捕判刑五年六個月，後因韓戰提早獲釋。1960 年又以啟示為名，與比他年輕二十三歲的十八歲女孩結婚。1966 年將出版近十年的《原理解説》修訂為《原理講論》，這十年間，趁韓國反共的時勢，統一教也掛上同樣招牌，壯大勢力並自稱為新的救世主。（參朴容奎：《韓國基督教會史二（1910～1960）》〔한국기독교회사 2（1910～1960）；Word of Life Press，2006〕，頁 887～890）以後，我們在新聞中見到的不同國籍的千萬人團體婚禮大

會，和文氏藉婚姻「換血」成聖的怪異理論，都是典型的異端甚至觸犯法律的舉動。五十年代末，數間漢城市的大學教授與女學生曾因統一教問題退校，事件成為韓國社會的醜聞之一（參上引書段落）。

順便一提，韓國人恭虔的民族特性，與民間承傳了儒家的保守思想，大大孕育了宗教傳佈的土壤。一般韓語稱儒家為「儒教」之普遍；至今在韓劇中披露的男尊女卑、家庭倫常和以婚姻為主軸的思維；聖俗尊卑分明的文化等等，造就了韓國宗教的壯大。以語言稱呼為例，第一人稱「我」，韓文有四種；第二人稱「你」，韓文有五種以上。語句上，依尊敬程度還分敬語、半語與卑語三種，而在宗教圈內更多用最敬語。所以，同一篇信息，在韓國教會傳講與在香港教會的不同，不但需在屬靈氣氛中分析，還可從文化工具的語言與思維背景作明顯區分。兩者相比，在韓語教會能得到較高的說服果效是肯定的事實。

統一教在韓國誕生是有其文化因素的。除此之外，我們還發現統一教誘引教友的動力不在教義的魅力，而是企業化的財富實力、傳媒的活用、政治的參與，以及以反共基地美國為大本營的特色。當這些特點穿上疑似基督教的外衣，以至無論其商業運作、傳媒攻勢、政治活動等等，都增添了宗教名義的超然因素，替七十年代登陸美國的「文鮮明王國」提供了發展的空間。

087

십삼

第十三章　韓國新生代的民族認同

韓國未來學專家崔潤植（音譯）在他的韓文著作《2020～2040韓國教會未來地圖》（2020～2040 한국교회 미래지도；Word of Life Press，2015）中披露，由民族和解協力泛國民協議會早在1998年調研的國民統一意識，贊成南北韓統一的佔93.1%，愈年長的韓國人愈認為「國家必須統一」。持「不應該統一」態度的少部分人，以年齡為二十多歲的青年為主。月收入在三百萬至五百萬韓圜階層，比例較高。年輕一代傾向安於韓國現狀。其中一個主因是，南北韓統一後恐會拖累韓國經濟，他們擔心會影響生活。同一機構所作的調查中，年紀愈輕則反對民族統一的趨勢愈強。2004年由基督教男青年會（YMCA）所作的調查顯示，有40%的青少年選擇不願意統一。隨著年日的流逝，這種趨勢日益增強。在青少年中，表示「北韓民族並非與南韓是同一民族」的也竟然有接近30%。韓戰爆發至今已超過七十年，經歷戰火的一代漸漸離世之際，新一代的思維有如此巨大的改變，是他們的父輩所無法明白的。

另一個社會特點是，上一代人的平均壽命已經開始延長；在社會老齡化之下，新舊兩代的民族統一觀念難以相容，分化的落差隨著老人的增加顯得更為激烈。丁哉榮教授在《韓國教會未來十年》（한국교회의 미래 10년；SFC，2019）一書中表示，根據韓國政府於2010年的統計推算，於1980年時六十五歲長者只佔全人口的3.8%；2018年佔14%，至2050年會達到38.2%。換言之，由1980至2050年的七十年裏，老齡人口比例要增加十倍。那時，八十高齡的人還會佔全人口的十分之一。

韓國新生代不但對北韓的民族認同相去漸遠，我們更可
預期他們對很多傳統觀念的理解，會漸趨多元並產生質
變。壽命延長使社會人口的幅度加大，只是眾多原因之
一；其他諸如自媒體、新語言、新網絡文化、新觀念、
自我自戀趨勢等，都在快速改變著韓國社會與教會。教
會未來學的興起，也說明了這個現象的緊迫。

時代總是在變，韓國如此，世界如此，香港更是如此。
此際，時代轉變的經典章節響徹於腦海：「有不認識約瑟
的新王起來，治理埃及。」（出一 8）新時代可以突然來
臨，表面看它似災難，但又有誰預測到，這是希伯來民
族大解放的序樂和前奏？崔潤植在書中提出四個南北統
一的假說，其中一個是北韓領袖的突然身亡，可是我懷
疑韓國年輕一代對此感興趣的有多少，遑論呼喊教會要
為民族統一作準備了。但說到底，先知性的聲音總是極
少數，對民族有益的聲音總該堅持啊！

091

십사

第十四章 「我的殿必稱為禱告的殿」

耶穌的時代，聖殿以經商掛帥，祭司墮落，都是為做生意而存在，神聖敬拜之地被污染。耶穌的義怒義舉，潔淨聖殿，我們絕不陌生。韓國解經家李尚根博士在 1961 年出版的全套新約註釋書中，關於馬太福音二十一章 13 節的段落這樣説：「其實，這是可怕的墮落。但此種墮落在任何時代的教會中，都容易找到。教會必須以禱告的殿堅持下去。」（Lee Sang Kun, *The Lee's Commentary on the Gospel of Matthew*, 302）可能李牧師萬萬沒想到，在他出版那套幾乎成為經典作品的釋經書六十年後，韓國教會的禱告見證開始黯淡。所有退步，都不是一朝一夕使然，以 1907 年平壤大復興為起點的韓國教會禱告熱，經過百年的光輝歲月，儘管國家社會進步和國際地位提升，但其屬靈的單純明顯在步步後退。

調查涵蓋二千一百一十間堂會的基督教高麗派新聞機構刊物《高神 NEWS》，於 2020 年 12 月的一篇評論中，就曾探討這個問題。在 2009 年的一項針對五百名牧者做的調查顯示，教牧同工平均每週讀經八小時十五分鐘，並以兩小時四十二分鐘祈禱。一般信徒的日均祈禱時間為二十四分鐘，換言之，每週禱告兩小時四十八分鐘。教牧與信徒的祈禱時數相近。

但是在 2018 年《牧會與神學》針對五百位信徒和三百位教牧所作的另一調查發現，每天讀經的信徒佔 14.8%；一週內祈禱超過一個小時的信徒則佔 19.2%。教牧在一天平均用半小時至一小時祈禱的有 43.3%；而以一至二小時禱告的則有 35.3%。《高神 NEWS》的評論表示：

「韓國教會雖然仍舊努力禱告，但禱告的時間量已逐漸下降。」

筆者翻查 2007 年一項針對五百七十八名堂主任的講道調查，其中問及預備主日講道所花的禱告時間有多少。結果顯示，不足半小時的有 32.7%；半小時至一小時的有 27.4%；一至二小時的佔 19%；兩個小時以上的竟然也有 20.9%。此報告披露牧者的預備講道所用的禱告時間平均為 99.6 分鐘。除了講道之外，牧者還有各類禱告聚會和代禱需要，由此推算，其每週總祈禱時數應相當可觀。可是那已是十五年前的研究。在這方面我們還望繼續留意近期的同類調查，再作比較。

順便一提，這份深入研究牧者講道的調查，共有九十條問題。其中有關藏書的資訊可能是香港讀者所關心的。韓國教會的堂主任藏有屬靈書籍兩千本以上的佔 22.8%，一千本屬一般書籍的有 20.2%。平均每位堂主任的屬靈書籍藏書量為一千三百四十三本；有一般書籍五百三十三本。到底這數量是多是少，待有本港傳道人的同類比較才能說清楚。雖然這是十多年前的一項深入調查，但也可成為我們的參考。重要的是，藏書量的說法在電子書時代已經不具有很大的意義了。反而，在資訊爆炸的時代，作為傳道人的禱告時間量卻是一個真實的挑戰，也是恆常的指標。尤其現在的香港基督徒，都應該透過韓國傳道人的每天禱告量，來重新聆聽主耶穌的吶喊：「我的殿必稱為禱告的殿。」

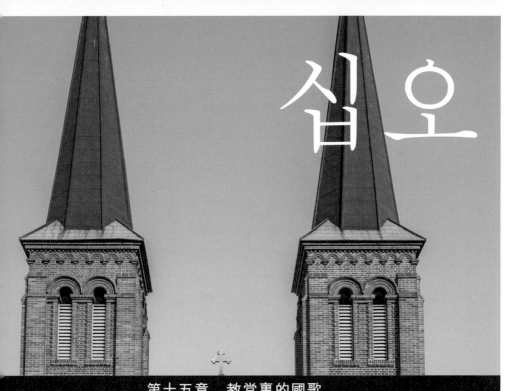

섬오

第十五章　教堂裏的國歌

2004 年 6 月 27 日是我們一家來港前在韓國的最後一個主日，我們特別騰出這日，沒有應邀任何講道與約會，而去家附近一間著名的韓國教會禮拜，過去也曾在遠東廣播的早會聽過該教會主任牧師的證道，印象深刻。這間新村聖潔教會，會友至少有五、六千人。原來那天正是他們的韓戰紀念主日，所以牧師的整篇講道猶如一篇愛國者演說，沒有解經也沒有講道學的一般原理應用。惟一可接納的解釋是，只有在國難的特殊處境下，才會產生這樣的演說。他證道的最關鍵部分，就是介紹一位軍校校長的文章，以此激發信徒的愛國熱誠，並試圖挽回愛國理念趨於保守與激進兩極化的兩代人的分裂。他這麼說：

> 據說陸軍士官學校校長（金忠倍將軍；音譯）對當前局勢感到悲戚和忍無可忍而發表了這篇文章：揚言以改革與前衛思想來承擔我們大韓民國前途的年青一輩啊！你們對五、六十歲的一代所經歷的痛苦又知道多少？你為祖國流過多少淚與汗？你們絕不應該忘記，現今享受的豐裕背後，是五、六十歲一代的血汗和淚水所換來的。五一六革命後，美國對新一批政變領導人不予信認，停止了經援。朴正熙少將為拜訪美國總統而橫渡太平洋，但甘迺迪終究沒有接見他。回到旅店整頓回程的朴正熙總統與隨行的屬下都感到心傷而流淚。世界上沒有一個國家肯借錢給貧困的韓國，最後只有西德被說服，至令韓國成功得到一億四千萬馬克的借款。
>
> 那時，南韓因應西德所需，派出護士與礦工，並以

這批勞工的工資為擔保，借得西德的貸款。離鄉別井在異地工作的護士被安排在鄉鎮醫院作清理屍身的工作，礦工則在地層千米以下勞動。他們的吃苦精神贏得西德媒體的讚賞。幾年後，朴總統應魯福克總統之邀訪問西德。所搭乘的是西德政府特別借出的貴賓專機。朴總統抵達西德後，由魯福克總統陪同走訪南韓礦工，礦工聚集在禮堂；由於貧窮而萬里迢迢離鄉工作的礦工，他們一張張灰暗的面孔看在朴總統的心裏，致辭中他如此說：「讓我們全力以赴，為後世子孫努力工作。」聲音有些哽咽的朴總統，只是反覆囑咐著礦工要努力工作。場內的礦工因總統的話也激動得流淚，並向西德總統敬禮致謝道：「謝謝貴國幫助我國總統，幫助我們的國家。」看到這場景的魯福克總統也有感而下淚。

那時，聯合國的成員國有一百二十多個，韓國在其中是屬於貧窮的國家之一。菲律賓的國民所得是一百七十美元，泰國是二百二十美元，而南韓只有七十六美元，1964 年才達到一百美元。從那以後，全國齊心製造假髮和鼠皮大衣外銷，1965 年，外銷收入達一億美元，使國外對物美價廉的南韓製品有了認識與好的評價。一個貧窮的國家賺得一億美元，而到所謂的「漢江奇迹」，世界開始驚歎南韓的進步與發展。

這篇文章的結語是呼籲年輕一代不要忘記，今日的繁榮是由上一代的血汗賺來的。縱然年輕一輩在政治理念可

能走得更前，但他們不應不尊重老一輩的保守作風。牧師宣讀此文時也曾一時激動。若是從香港基督徒的角度分析，這篇講章是為韓國社會的撕裂謀求整合與復合，為韓戰以後社會左右思想對立最嚴重的時代敲出警鐘。但它的性質仍然是保守的福音派講章，因為愛國的思想本來就屬保守的福音派信仰。

最令我希奇的，還不是講章的字句與結構充滿愛國情操而少聖經信息。崇拜散會前，全體會眾起立唱韓國國歌，以記念韓戰五十四年來神對這個國家的護佑，這給我信仰上的衝擊，遠大過這篇重溫往事的愛國演説。是的，韓國在韓戰的廢墟中重建成功，實屬國際少有的個案之一，也是基督徒領袖在社會上發揮了建設作用的見證國家之一。若不認同這大半個世紀以來他們所走過的路，就不會明白牧師的講道和教堂裏的國歌。影片《實尾島》和《太極旗飄揚》都能在韓突破千萬觀看大關，並不是沒有這種民族苦難與愛國意識的。我已經不是第一次在禮拜中聽他們唱國歌了：三一節紀念抗日運動的領袖是基督徒，因此三一紀念禮拜有國歌獻唱；八一五光復節紀念脱離日本侵略而在教會禮拜後也唱國歌。這樣的禮拜整個部分都是我們的靈祭，惟獨韓國國歌是我們全家不能參與的。不但因為這不是我們的國歌，更因為我們還沒有在任何敬拜上帝的禮拜中唱過自己國家的神聖國歌，為自己的國家蒙神保守而感恩。有一天，大概當我們對國家的愛超越政治枷鎖，當我們的信仰昇華到可以擁抱自己的國家而不是支持某個政權時，以國歌來讚美上帝的日子就可能出現了。

高舉太極旗

此乃 2018 年三一獨立運動日之紀念活動。圖中女學生身著
日治時代的學生制服，當年走上街頭揮舞國旗的正是高初中
學生居多。梨花女子中學的柳寬順成為當時殉國的代表，據
民間口傳，她被日軍蹂躪亦未屈服，激發起全國百姓揮旗遊
行之舉。

宣教篇

십육

第十六章　近代宣教運動初探：韓國教會

韓國教會差出宣教士的歷史要由一百多年前說起。

1901年,「滿洲」(中國東北)的朝鮮人發出宣教士的呼聲,立刻有一人前往。至1915年,在三位韓國傳道人帶領下,建立了四十五間教會,有二千七百五十名基督徒。當時東北的朝鮮人口是二萬三千人。跨文化宣教則於1909年開始,監理會(循道衞理會)將韓國國內宣教部改為「國內外宣教部」,第二年差派孫貞道牧師到中國。1913年,長老會差派三位宣教士到山東萊陽縣,其中一位宣教士朴泰魯於該年11月因病離世(殉道),另外兩人因面對艱難,於1917年回國。韓國長老會分別於1918年、1921年、1923年、1931年和1937年差出五屆宣教士到山東省;其中方之日牧師堅持事奉到1957年才回國。根據紀錄,1923年時,有五百九十一名中國人受洗,連同韓國人共八百一十五人,他們建立了二十五個聚會所、十九所私立學校,共四百三十六個學生。當時韓國教會已差派宣教士到日本、西伯利亞、中國東北及山東。正值韓國向中國宣教一百年之際,中國當局早已警覺,韓國的宣教滲透最為嚴重。這是公開的事實,然而我們不便透露他們的實際人數。身為華人,對同胞的獻身與熱愛,相比之下,仍要深刻反省。

1986年,在阿姆斯特丹國際巡迴佈道者會議(International Congress for Itinerant Evangelists)上,主要講員之一的韓國佈道家金章煥牧師,將韓戰後的三十年該國教會增長的數字公諸於世:1955年韓國有四千教會、近一百萬信徒;1965年增至八千教會、二百多萬信徒;1975

年達一萬六千多教會、四百三十萬信徒；1985 年三萬
二千教會、一千萬信徒。今日我們再回顧時，發現上世
紀八十至九十年代正是韓國教會人數增長的高峯期。這
位一生獻身領導浸信會、牧養萬人教會並帶領韓國遠東
廣播的牧者，當年以五個 P 綜覽該國教會特色：禱告
的教會（Praying church）、宣教的教會（Propagating
church）、肯悔改的教會（Purified church）、歌頌讚美
的教會（Praising church）和受苦的教會（Prosecuted
church）。在該篇信息裏，金牧師平衡地交代了韓國教
會的特色。我們認為，宣教士的差派與教會的增長是
緊密相連的。據韓國差傳研究學院（Korea Research
Institute for Missioon）的文相哲牧師（Steve Sang-
Cheol Moon；音譯）披露，宣教士人數增長的最高峯，
也是教會增長的頂峯，即八十至九十年代。茲摘錄過
去四十年來的宣教士增長：1979 年派出 93 名宣教士，
1989 年達 1,178 人；2000 年為 8,103 人，2006 年則達
14,905 名宣教士，目前在世界一百六十八個國家宣教。
韓國因此曾有世界第二大宣教士差出國之稱。以上數據
並不包括許多自費的獨立宣教工作者，如上文提及那些
到中國的宣教士。

韓國教會史教授朴容奎指出，韓國教會的一大特色為持
續的教會復興運動，燃點復興之火的關鍵人物乃是早期
許多優秀的宣教士。韓國教會的五度大復興如下：1903
年的元山大復興；1907 年的平壤大復興，由羅伯・哈迪
醫生（Dr. Robert Hardie）帶動；1909 年即展開「百萬
救靈運動」，此時開始差傳事工；1920 年和 1930 年的

復興。韓戰後，教會更廣泛地增長，以趙鏞基牧師為首的五旬節靈恩運動大行其道；1974 年開始，國際性福音宣教集會接二連三的舉辦；八十年代則展開門徒訓練和海外宣教至今。

撇開優秀宣教士的獻身與政策不談，韓國的整個文化土壤是不容忽視的因素。韓國學者鍾大衞（David Chung；音譯）於 2001 年出版了他遠在 1959 年的耶魯大學博士論文《調和主義：韓國基督教起始時的宗教處境》（*Syncretism: The Religious Context of Christian Beginnings in Korea*），論文導師為著名學者理查德‧尼布爾（H. Richard Niebuhr）。書中披露韓國基督教成長的文化土壤乃三教合一的養分造成。儒家文化提供了韓國人接受基督教的意識形態與思想結構，至今韓國信徒對牧師、傳道、長老、勸師（近似女長老）、執事等，仍是長幼有序，禮節分明；佛教的極樂世界提供了他們對天國嚮往的背景；道教則為他們預備了渴望靈界神祕力量的基礎。另外，傳統的民間薩滿（巫術）信仰則由基督教的聖靈大能取代。這份論文道出任何社會的教會增長都有其值得探討的因素。我們可以說，韓國基督教的擴張、教會成長與復興，乃至持續的差傳，皆糅合了成功的三大要素：天時、地利與人和。

可以這樣說，當神要使用一個國家，祂可以容許其分裂（南、北韓分裂），也可使其多方面配合以合神使用。願華人教會也能發揮天賦的優勢，配合後天的堅持與擺上，不辜負前人的心血，尤其宣教士的血汗，為主完成使命。

照片中左一為孫樂道牧師，監理會神學院教授。左二為崔炳憲牧師，首爾市監理會監督，日治時代曾被捕入獄，與十八個已判刑的囚犯一同過囹圄生活，在五個月的牢獄生活中，領他們全數歸主。右二為孫貞道牧師，乃監理會第一位宣教士，於 1910 年被差往中國東北服事當地朝鮮人，後來於東大門教會和韓國第一間監理會教堂貞洞第一教會牧會，並於二十年代任上海臨時政府之交通總長。右一為金裕淳牧師，他曾留學美國並於 1949 年在貞洞教會舉行之監理會總會被選為監督。

십칠

第十七章　派華宣教士和無名的華人先驅：
　　　　　韓國教會誕生的中國因素（一）

2004 年 1 月和 8 至 9 月間，韓國媒體都報導了元杜尤牧師（Rev. Horace Grant Underwood, 1859～1916）的孫子離世和曾孫離開韓國的新聞。就在元杜尤牧師的曾孫離開韓國之前，韓國政府為表揚元杜尤牧師和他三代子孫在韓國宣教和對韓美外交的貢獻，特於 2004 年 8 月 24 日，由副總理贈予民間最高榮譽的國民勳章給其曾孫，為元杜尤牧師家族的一百二十年韓國宣教事業畫上了一個美麗的句號。

1885 年 4 月 5 日復活節，是韓國教會史的新里程。這一天美北長老會的元杜尤和北監理會（循道衛理會）的亞扁薛拉（Henry G. Appenzeller）搭同一艘船抵達韓國，展開了基督新教在這塊古老的國土的差傳事工。當時，不會有人預知一百二十年後，於朝鮮半島分裂出來的南韓，竟然是美國以外的世界第二大宣教士差出國家。若按基督徒的人口比例，一千萬基督徒中產生了一萬兩千多名宣教士，同時在世界一百六十多個國家工作，實在已超出美國，可稱為當今世界差出宣教士最多的國家了。因著地緣關係，韓國教會的催生與中國因素緊密相連，這是中國基督徒不能不知的，而我們更應從百多年前的宣教士經驗中反省教訓，在大使命的實踐方面自我期許再接再厲。

或許因著元杜尤宣教士四代獻身韓國的影響和他本人是第一位來韓的正式牧師，感覺上人們甚少談及韓國宣教的催生要人之一的安連醫生（Dr. Horace N. Allen）。在韓國宣教史裏，美北長老會的安連宣教士是第一個來韓

的傳教士，他比元杜尤和亞扁薛拉早一年，也就是 1884
年 9 月 20 日抵達漢城，所不同的是他從原本的宣教工場
中國轉到韓國，而後者則是由美國直接為韓國宣教而差
派的宣教士。除了傳統的西方資料介紹之外，筆者很高
興中文資料也有披露，華東師範大學的王春來教授在其
《基督教在近代韓國》（北京：中國社會科學，2000）一
書中，對這段歷史作了清楚的交代（見該書頁 30）。茲
摘錄如下：

> 第一個入韓的是美國北長老教傳教士安連。他於
> 1883 年被任命為長老教外國宣教部的中國傳教醫
> 師，同年 10 月抵上海。安連在上海，南京一帶輾轉
> 一年未能發現用武之地，乃於 1884 年 6 月上書紐約
> 的宣教部當局，自願前往韓並獲准。安連 9 月下旬
> 抵漢城時，受到那裏外國居民的熱忱歡迎。

> 安連到達漢城不久，朝鮮就發生了甲申政變。閔妃
> 之侄閔泳翊在政變中身受重傷，生命垂危，中醫師
> 束手無策。安連應召前往，冒著極大的危險，「帶
> 著不安和恐懼」，經過前後三個月的悉心治療，終
> 於使閔得以康復。安連以精湛醫術，「贏得了宮廷
> 的信任」，旋即被任命為朝鮮宮廷侍醫。他後來回
> 憶說，此事「雖然有點陽差陰錯，卻使得一切順暢
> 起來」。1885 年 4 月，在安連的建議下，一所由朝
> 鮮政府提供設施和經費，安連負責醫療指導和管理
> 的國立醫院——廣惠院正式成立。從此，美國傳教
> 士有了一個接觸韓人，了解韓社會，間接乃至直接

■　開展教會事業的立足之地。

其實，安連是非受薪的，因他認為自己有差會資助，所以不應接受韓國政府的工資。王教授提的廣惠院，乃是今天韓國最優秀的醫院之一的世福蘭斯醫院（Severance Hospital）之前身，也是最高學府之一的延世大學的附屬醫院。當年安連醫生作宮廷侍醫的任務絕不簡單，有可能招來朝鮮御醫們的妒嫉，以及從朝廷權貴而來的中傷，宮廷隨傳隨到的工作壓力更不在話下。最終，他總算安然渡過，並給人留下良好印象。

話說安連宣教士在韓國稍為安頓後，回中國帶家人到韓國時，認識了由日本轉往福州的英國安立甘會（Church Missionary Society）宣教士胡約翰（Archdeacon J. R. Wolfe），安連建議他到韓國視察；他到韓國一看，便深受感動。其後便在華南差傳年會傳遞了韓國工場的需要，馬上得到一位華人教牧和三位平信徒傳道人響應，願意被差往韓國。可是，當胡約翰向英國差會總部報告這項新的事工並申請資助的時候，卻兩次遭到拒絕。英國方面不但覺得不需要前往韓國，也不贊成發展中國本土的差傳事工到韓國宣教。胡約翰的異象沒有因此破滅，神感動了福州教會和澳洲的基督徒作出差傳奉獻。一年後，即 1885 年 11 月，他與兩位中國宣教士到了韓國南部的釜山。兩年後，胡約翰又帶同華北的一位西國宣教士和在日本的宣教士到釜山探視中國宣教士的工作。第三年，1888 年，同屬安立甘會的駐華牧師馬丁（J. Martin）也前往釜山支援，他發現已有五、六十人在中國宣教士帶

領下學中文並對基督教有好感，但礙於韓國的宗教政策，他們還不便公開接受耶穌基督。及至 1890 年，英國的安立甘會正式在韓國展開差傳事工，中國宣教士的事奉才告一段落。

白樂濬（Lak-Geon George Paik）在他的《韓國教會史》裏說，安立甘會在韓國雖沒領人歸主，但其工作卻不應從人數來衡量，他們間接的影響是深遠的（參 Lak-Geon George Paik, *The History of Protestant Mission in Korea, 1832 ～ 1910*, 89）。一百三十多年前，在西教士的帶領下，中國已經有兩位宣教士前往韓國宣教，無論怎樣說，都是我國差傳史裏不應被忘記的創舉。雖然我們不知這兩人是誰，也不知當年奉獻金錢支持他們的有哪些中國信徒，但我們從韓國學者的著作中，看到韓國教會誕生的那一年（若以元杜尤抵韓的 1885 年算起），仍奇妙地有中國宣教士的參與，儘管可能是看不出實際果效，但在差傳精神和歷史意義上，仍是值得肯定的。

差傳永遠是有聖靈在背後作奇妙導引的。當年安連也是中國宣教士，卻在無意中打開了韓國宣教的大門，也奠定了韓國教會增長的基礎。他在中國時，曾失意地說：

> We had drifted around China for a year, meeting with many pleasant and interesting experiences, but becoming rather discouraged as to the prospect for actual medical work.

113

一年在華經歷的「失意」，或直截了當地說，遠赴中國宣教的失敗，竟成了另一宣教地的成功基礎。如王春來教授所言，「雖然有點陽差陰錯，卻使得一切順暢起來」，正是聖靈在中國關了安連的門，卻在韓國開了更具意義的大門。

元杜尤牧師是首批來韓國宣教的傳教士之一，與他同日抵韓的還有監理會的亞扁薛拉（Henry Gerhard Appenzeller, 1858 ～ 1902）。元杜尤牧師的妻子是好敦氏（Lillias Stirling Horton, 1851 ～ 1921）。他們投身的長老會專上教育延世學堂（現延世大學）為韓國的現代化教育奠定了重要基礎。元杜尤的四代後人皆參與了韓國宣教事奉或外交事業，事工維持百年之久，其曾孫 Horace Horton Underwood（1943 ～）為元氏家族在韓服事的最後一代成員。

십팔

第十八章　第一位在朝鮮半島殉道的宣教士崔蘭軒：
　　　　　韓國教會誕生的中國因素（二）

當年因為要到香港讀神學，漢城教會青年團契的前輩送我一本薄薄的韓國教會史作品，當時只是翻了一翻就擱在一旁。後來，因為進修神學而需研讀世界宣教歷史，便重新關注到韓國教會史和差傳潮流的關係，於是買了幾本相關的書深入細讀；那時正逢朱基徹牧師之子朱光朝長老來港領會，所以又對韓國教會頭半個世紀的概況快速瀏覽了一下。讀書之間，發現韓國教會的誕生和來華宣教士是緊密相連的。雖然，在認知上這並不是一件新鮮事，但隨著一頁頁資料陳述、一件件教會史事的詮釋，我彷彿走過了十九至二十世紀初傳教士的一生，看見他們留下的榜樣與腳蹤，一些歷史的簡單認知，如今卻化成更深刻的信仰反省。

朱基徹牧師的殉道精神，透過他兒子朱長老的口述，將日治時代的韓國教會苦難史活畫在我們眼前。我自己為一連四堂的見證感恩，包括其中三堂負責傳譯：遠東廣播早禱會、潮人生命堂差會的公開聚會、建道神學院宣教團契，還有一堂在本港韓人聯合培靈會聆聽朱長老兩個小時的回憶講述。尤其不知在港的公開聚會是否能有合宜的出席人數時，筆者不得不和內子在一個月前先作個人的接觸和推廣。幾個星期沉浸在「殉道」的主題之下，讀到韓國教會史中第一位基督教殉道者的紀錄時，心中產生了更多情感與尊敬。

在羅德斯（Harry A. Rhodes）編寫的《美國長老會在韓宣教史》（*History of the Korea Mission, Presbyterian Church, USA, 1884 ～ 1934*）一書中，編者稱崔蘭軒

（Robert Jermain Thomas，1839 ～ 1866；韓國政府文件譯為崔蘭軒）為韓國的第一位基督教殉道者。崔蘭軒於 1863 年 6 月 4 日在蘇格蘭按牧作倫敦傳道會的中國宣教士，該年 12 月抵達上海。由於上海天氣太熱，崔蘭軒擔心妻子未能適應，所以便到漢口打探那裏的氣候，希望為妻子找個適合的安身之處。他走後兩個星期，師母便離世了，而這個不幸消息，他是在一個多星期之後才收到的。從漢口回來的崔蘭軒牧師，因妻子離世的噩耗，心靈受了極重的打擊，他決定向差會申請離開上海到武昌，但差會將他調往北京。崔蘭軒在最傷痛的時候，留下了這樣的心聲：「請為我代禱，叫我不要因任何沉重的試煉而與榮耀的事奉遠離。」

如果我們對這位來華宣教士的結婚年日作一查證，就不難想像愛妻之死是何等沉重的打擊了。原來，崔蘭軒在按牧前一週，即 1863 年 5 月 29 日，才剛與高菲琳（Caroline Godfrey）小姐結婚。同年 7 月 21 日，他們便往中國出發，12 月初抵達上海。猜想他們向中國進發的四個半月海路行程，一定是最美好的蜜月時光。然後，在上海僅僅四個月後，師母便離開世界。

十九世紀中葉，朝鮮逼迫天主教正厲害的時候，有兩個朝鮮天主教徒逃到山東，經人介紹認識了當時身在煙台並與蘇格蘭聖經公會同工的崔蘭軒。他因喪妻之痛，正想尋找新的宣教工場，正好可以到朝鮮開荒。1865 年 9 月 4 日，他帶著大量的中文聖經和福音材料，隨著兩個朝鮮信徒出發，9 月 13 日抵達朝鮮半島西岸並住了兩個半月，

119

後經東北於翌年1月回到北京。朝鮮人給他留下了親切的印象，他在短短兩個多月期間，便可用朝鮮語講福音並分送福音書冊。崔蘭軒回到中國以後，就打算盡快再訪朝鮮。就在這年8月9日，他以翻譯員的身分搭乘美國商船「謝爾曼將軍號」（General Sherman），與另外二十幾位船員，從煙台駛向朝鮮半島西海岸的大城平壤。根據《朝鮮王朝實錄》，8月16日已經有朝鮮人見到西洋船隻闖進國家海域。之後，約半個多月與朝鮮當局的交涉與經貿游說，始終沒有得到同意。遂因船員和朝鮮人的衝突而雙方交火，隨著謝爾曼號著火，船員全都身亡，死者包括五名洋人、十三名中國人、兩名黑人和幾個馬來人，船員名單的第一人崔蘭軒也於這日離世。此乃1866年9月5日。

崔蘭軒之死是在他搭乘謝爾曼號之前已經可以充分預見的。1866年初，朝鮮鎖國政策正頑強之際，朝廷已下達西洋宗教（指天主教）之禁令，隨即九名法國天主教傳教士被斬首，三萬名朝鮮信徒要逃難離散或被捕入獄，此乃鎮壓天主教的丙寅大教難。崔蘭軒在同年8月往朝鮮半島進發之前，已得知三位法國修士在5月從朝鮮逃到北京，並報告了當地的信徒大屠殺。崔蘭軒也向倫敦差會的英國本部寫信報告了此一消息。駐北京的法國公使透過外交管道請求中國制止朝鮮，但因這涉他國內政而被清廷拒絕，法國遂決定自出軍艦駛向朝鮮半島。在當時洋人中，到訪過朝鮮並能與當地人溝通的崔蘭軒獲聘為翻譯員，他也爽快答應。倫敦差會的同工認為宣教士參與軍事行動不當，雖加勸說，但他去意已堅。我們在歷史裏常看到事件情節的曲折與變幻，法國軍艦因越南

暴動必須先南下，崔蘭軒牧師的訪韓計劃也要相繼拖延。此時，他似乎心有不甘，又或者是迫不及待，他自己在煙台找到美國商船謝爾曼將軍號，就是這樣在 1866 年的 8 月駛向黃海，第二個月在平壤城的大同江岸與謝爾曼將軍號同歸於盡。

在一般的歷史中，崔蘭軒牧師是以翻譯員和導航員的身分殉職，按謝爾曼將軍號船公司的紀錄則是乘客，北韓歷史稱他為美國宣教士但又指為美帝特務（實為英國宣教士），宣教史和韓國教會史則尊他為宣教士，並且是第一位在韓殉道的宣教士。謝爾曼將軍號事件是韓國近代史的大事，引發了 1871 年的韓美衝突，也影響了 1882 年的韓美條約，這便引進 1884 年第一位宣教士進駐漢城，也為一百三十多年燦爛的韓國教會史立下根基。

前韓國廣播人高茂松牧師在英國伯明罕大學的博士論文中，提到了崔蘭軒與第一位到韓宣教士安連之間的異同：首先，他們二人到韓國時都年青力壯，只二十七歲；其次，兩人都在上海（或中國）事奉；第三，他們都曾以帶職形式事奉。所不同的是，崔蘭軒被拒於門外而且英年殉道，安連則成為韓國朝野歡迎的宣教士。看過崔蘭軒的生平以後，我們還要加上一句：安連的事奉生涯中可享天倫溫暖，而崔蘭軒卻在失去新婚愛妻的悲傷之中，兩者成了對比；他們的共同點是都有開荒佈道的熱誠，並且如今都不在人世，卻有相同分量的聲音在我們的心中激盪著。

「他雖然死了，卻因這信，仍舊說話。」（來十一 4）

십구

第十九章　Staymission 的故事

疫情下，我們以 staycation 打發假日；一位本港宣教機構的負責人卻提出 staymission 的挑戰，我眼前一亮，找到韓國留守本鄉本城的宣教見證。其實，宣教歷史中不乏這樣的實例。

2019 年，韓國長老會的「總會世界宣教會」（Global Mission Society）在第二十二次總會的報告披露，進入中國的三百八十名宣教士已有三百人被迫離開大陸工場，這數字佔該宗派中國宣教士的 79%。他們認為中國宣教的時代大勢已去，只能尋求其他策略來堅持差傳使命。2020 年 2 月以後，又因新冠疫情，韓國差會紛紛建議內地宣教士回國等候，使已經不多的工場同工撤退至今。政治和天災兩大因素，衍生出諸多新的宣教課題，有待突破。

我們回到歷史中借鑑。上世紀五十年代也是中韓歷史的大時代。白永燁牧師是諸多在華事奉的韓國教牧之一，他畢業於南京金陵神學院，在中國多年，也曾在韓戰前擔任北韓省主席。後來，因為政治環境改變而回到韓國。同一時期在中國華北神學院畢業的朱寬俊牧師也回到韓國。他們在首都漢城（現首爾）與西國宣教士梅凱蘭（Helen McClain）搭配牧養當地華僑教會。五十年代整個韓國的華僑才不過兩萬人左右。白牧師於 1950 至 1965 年牧養漢城中華基督教會，晚年仍以顧問身分與華僑同行。

美國馬里蘭聖經教會榮休牧師劉傳章是韓國華僑。六十年代，當他是高中學生時，劉牧師有一段回憶：

> 在一個主日的早上，我去教堂敬拜，那時還是寒冷的冬天，教堂裏生著煤炭爐子，熱度還是不夠，聚會的人不多，顯得冷冷清清的。白永燁老牧師在講道，朱寬俊牧師已離職。那一陣子，我的禱告是，求主復興教會。那天早上，當白牧師在講道時，一時大聲疾呼，呼出了他的假牙，他趕快把它推回去。上帝就用此情此景向我説話：「年輕人，你看這大把年紀的人，還在為主賣命，大聲疾呼，你在做甚麼？你要教會復興，你自己先要復興。」就在那一天，我向主説，我願意為韓華我骨肉之親，獻上我的一生。當時，在韓國有幾位愛中國人的韓國牧師，而沒有中國牧師（除李銘熹傳道以外）。[註]

現在韓國除了原先持台灣護照的華僑約兩萬多人之外，據出入國管理部門 2019 年 12 月的資料，韓國外國人有 2,524,656 人。中國人有 1,101,782 人，其中朝鮮族佔 63%，約七十多萬人，其餘是留學生和長短期工作簽證人員。我們必須留意韓國外國人數字在 2007 年才達一百萬，2016 年突破二百萬，十年增加了一倍！我們相信留守本區本地的宣教機會，如今遠比白永燁牧師的年代多很多，也願有更多年輕人在這個「寒冷」的年代，看到教會的需要，全然奉獻自己。

註：劉傳章牧師：〈漢城教會百年大慶〉，《旅韓中華基督教百年紀念特刊：1912～2012》，頁 191。

125

이십

第二十章　勇猛單純的營商宣教：我的觀察

韓戰之後，進入六、七十年代時，韓國經濟開始蓬勃發展。在一次該國總統和領袖出席的國家早餐祈禱會上，趙鏞基牧師於證道中說過類似的分析：韓戰後，國家由廢墟中重建，百姓從農村湧進城市打工求生，若不是眾教會的禱告、牧養和關懷，舒緩了勞工的各種壓力和問題，整個社會的經濟發展怎能如此順暢？這道出了社會發展和佈道宣教兩者完美契合的見證。

曾有報導指出，在世界十大超級教會（megachurch）中，韓國佔了五間。筆者曾經參與服事的水原中央浸禮教會也有一萬二千多會友，他們的年度差傳義賣籌款活動，也叫人大開眼界，其運作不亞於大公司。然而，論堂會體型巨大的力量，仍要提說眾所周知的純福音中央教會。在二十一世紀初，它號稱有七十六萬多會友，一個主日有七堂崇拜配以現場衛星轉播，參加主日聚會的人數共為二十萬。除教會本身事工之外，教育事工有兩間大學和一所神學院；文字事工有一份以過千萬基督徒為主要市場的《國民日報》，也是國內惟一天天有整版「差傳」新聞的報紙；宣教事工方面，已派出六百多名宣教士，並以植堂五百間教會作為其差傳目標。這樣一間超大型教會本身的職場宣教，以及以經商為媒介的傳福音活動，肯定是龐大的力量，我們可以將這類宣教模式，歸類為堂會本身的營商模式。它可以是間接和直接的。如教會內的食堂，是一般教會皆設有的，只是大教會的規模像餐廳，能在本地宣教發揮影響力，例如可以宴請外勞，也可以邀請留學生分享美食。即使咖啡廳亦然，就如水原中央浸禮教會咖啡廳所售的經典西餅，直接承傳自美

國品味，可供會友購買或送禮之用；教會書室也有類似
的功能，其他不贅。

第二類則以標榜基督徒老闆為主要特色，打正旗號表示
公司營業是為榮耀神，就是以做好基督徒商人為使命的
集團。在提升企業經營業績的同時，他們也積極支援
並參與宣教事工。這類企業不少，現簡單介紹其中較
著名的集團。首先，上世紀八十年代的「大韓生命保險
公司」，就曾積極支持韓國遠東廣播公司、南韓國家足
球隊，以及著名的哈利路亞教會、韓國三一神學院（與
美國三一神學院關係密切）等。位於首爾市漢江畔的
六十三層高大樓，正是「大韓生命」的物業。大樓側
望呈雙手合併的設計造型，來自老闆夫人強調禱告的
創作意念。可惜，由於經營不善和政經的複雜因素牽
連，「大韓生命」已漸漸失去昔日的光彩。後起的代表
性基督徒企業集團，當推「信元」（ShinWon）和「衣
戀」（E·Land）兩家服裝企業，還有「所望」（Somang）
化妝品等。其中「信元」清楚標明其經營理念為「信心經
營、正道經營、善途經營」。這家創建於 1973 年的服裝
公司，現已發展至印尼、越南、危地馬拉和中國四處當
地法人公司，雖然「信元」的老闆朴長老給人難以親近並
高高在上的印象，但這企業的商業廣告每每突破規範，
勇於表達基督教的信息。與「信元」的高級服裝類相比，
「衣戀」則有成人休閒服、青少年、幼兒便服等。「衣戀」
成立於 1980 年，後來積極開拓中國市場，1994 年於上
海成立公司。2007 年，E·Land 中國法人獲得納稅第一
名的表彰。「衣戀」已於中國多個主要城市設有辦事處和

賣場，亦設有中文網頁，讀者可以瀏覽了解。曾有一位記者，將「衣戀」創業的精神和服務社會的見證寫成書出版，相信對教會和社會能有貢獻。

第三類營商宣教模式為基督徒營運的中小企業，這些企業的特色與上一類相同，只是規模較小，媒體曝光率低，但為數肯定多於上述大型企業，而他們的宣教工作與成效也難以估量。筆者於 1991 年第一次應邀踏足塞班島的短宣體驗，便是由一位小型服裝業老闆贊助促成的。在短短數日間，看到她所組織的詩班、隨團的韓國傳道人，以及當地韓人教會的愛心，令我留下深刻的印象。一天，她透過我的高中同學引介而與我聯絡，就在通話後的當天，便立刻與幾人來訪，又隨即邀約定筆者向塞班工廠華人佈道的日程。閃電式的決定、火熱的愛心、無我的奉獻，是那次的獨特經驗。香港基督徒會否也如此匆忙作重大決定？我猜想並不多。但我極欣賞整個短宣的事奉和精神，可以說畢生難忘。

第四類是自費宣教士。他們不加入差會，雖然或許有自己教會的代禱支持，卻不一定有穩定而精密的支援體系。多年前我們在首爾的韓國鄰居，一家四口，丈夫經營小文具店，夫妻皆為教會執事。一日，他們向我們表示要作宣教士，將遷往菲律賓做小本生意兼傳福音。近二十年後，他們於當地兼讀神學又作宣教事奉，其經濟來源主要靠女兒的奉獻和自己的積蓄。這一類宣教士為數可能更多，無法統計。我在韓國時，曾經為遠東廣播輔導一位韓國聽眾，他表示願意到以色列宣教。一段談話後，

130

方知他還未決志成為基督徒，結果乾脆鼓勵他到信仰純正的教會好好聚會聽道，認識主耶穌後才考慮宣教的事。這是一個極端的例子，但也表達了在韓民族的血液和文化當中，對作宣教士有一種普遍的羨慕或尊重。

韓國差傳研究學院的文相哲牧師，他披露了過去四十多年來韓國宣教士的增長情況：1979 年派出 93 名宣教士，1989 年增至 1,178 人，2000 年為 8,103 人，2006 年則達 14,905 人，目前在世界一百六十八個國家宣教。韓國因此有世界上僅次於美國的第二大宣教士差出國美稱。這樣眾多的人踏出宣教工場，有下列因素：

一、思維直接，行動快捷：想到就做，要做就行動，該國民族普遍不太多作周密的思考。這與一直以來的文化背景有關──單一民族、單一語言、四季分明、單元思考。性格熱情直爽，又極愛面子。

二、宗教導向，順服權威：普遍的敬天服權傳統，以及儒家的孝悌觀念，植根在社會多數人的深層思想裏。在韓民族的血液裏，似乎有較多的敬虔遺傳，對大使命宣教的命令認受力較強，遵守能力也較高。

三、拜金文化相對淺：香港是國際金融城市，人口密集，一切皆計算精密，才能順暢運作。因此，精打細算成了香港生存的基本功。例如，婚禮場地的安排要提前一年算好預約，在韓國人們則三個月前還有足夠的場地選擇。又例如租用教會場地舉辦講座

活動時，多半有價格收費表，旅居香港的韓國傳道人就不明白箇中原因。的確，韓國信徒的用錢手筆一般寬大粗鬆，亞洲金融風暴時，國民捐獻金飾的佳話，記憶猶新。我曾經聽過他們說，中國人太愛金錢和黃金，不無道理，全世界猶太人和中國人對賺錢最有心得，是公認的。

四、階級觀念和門面作風相對嚴重：前面介紹過的大企業中，有不易接近的老闆；大教會的傳道人也不乏要經過層層預約方可戰兢會面的例子。因此，宣教可以變成教會實力的競賽或炫耀，也可能是教會為面子而開拓的差傳事工。但教會在領導推動任何事工時，效率可以快得驚人。

132

五、法規意識與實質愛心：日治時代，愛國的人都輕視法律，韓戰後經過長達四十年的民主和法制的追求，民間還是普遍重視人情多過法規，辦事常有彈性空間，其好處是不死守規條，能多方創新，缺點則是缺乏一致性的約束力。由於作宣教士的門檻較低，成事可能性大，機會又多。只要信徒有心，他們很快就可踏上工場，但失敗的例子也自然不少。另一方面，由於韓國人往往發揮超常愛心，感性和激情容易高漲，所產生貢獻的果效，常常令華人教會始料不及。他們似乎不按常規，也能在千頭萬緒中，結出福音的果子。

六、火熱與勇氣：韓國人容易奮興，比華人容易情緒

化；他們也顯得勇敢，在小我與大我之間，大我往
往是他們最後的價值抉擇；這是香港文化和大都會
文化較弱的一環。如果教會禱告會人數冷清或者不
再增長，韓國信徒會想到教會的面子，會想到作為
屬靈家長的牧師會難過，會想到神不賜福「我們」
教會了；然後，有人大聲疾呼，有人痛哭流淚，有
人通宵禱告，有人立志參加晨禱會等等。火熱與勇
氣，既是文化因素所造成的性格，也是後天教育的
結果。

以上簡單提出的四類營商宣教中，有一個基本原則需要注
意，那就是我們必須忠於公司存在的使命和教會宣教的本
質。如果我們從事某個行業，就要在那個行業上為顧客提
供最優質的服務，完成公司存在的使命，那就是最亮麗的
見證。宣教與營商應該是兩回事，若以營商為手段則容易
產生問題。因為基督徒企業不必然意味著本身就是好企
業，所以集團掛上宣教這兩個字時，要格外小心。我看過
基督徒專家批評「衣戀」集團與工會問題的文章；「大韓生
命」失去商界光彩和它與政界糾纏的新聞，又面臨樹大招
風等問題。至於自費宣教士又好像不需要向人交代事工，
只應視為特殊時期的臨時性作法，不宜推薦。大型教會的
營商服務，是今日新趨勢，在美國甚至有為會友設立商場
的教會。但很少有人聽到上文所提到的大型韓國教會幕後
有怎樣的痛苦。可以想像，管理百人或更多同工與職員
時，必須有優秀的領導與管理團隊，因任何一次的失誤都
足以產生大問題。借用彼得　杜拉克（Peter F. Drucker）
的概念，營商的目的不是為賺錢，而是為客戶服務。有一

個好好做生意的社會，社區就有福了。一個需要餐館的山區，有合宜的好餐館，就夠了。一個需要電腦商鋪的小鎮，由香港的專家去營運，大概人人都會歡迎。所以，讓做生意的基督徒，好好去做生意吧。當他們發了大財，回饋社會或捐助差傳事工，便是自然的事了。

位於上海市井田的衣戀中國辦公大樓

衣戀集團一如其他由韓國基督徒經營之機構，積極投入社會公益事業。單單在韓國設立的「福祉中心」便有十一所，專為低收入獨居長者提供醫療和關顧服事。據該集團網頁介紹，受惠長者人數達三十七萬人。

至於為員工設立之「家庭再充電旅遊計劃」，已有 2,815 個家庭受惠。藉著生產服裝和鞋類的優勢，集團亦為非洲等物資短缺地區的貧民提供衣鞋，合計三百三十萬套。過往三十年來，集團亦將部分收益用作支持基層家庭，當中已有 2,718 個家庭獲得幫助。

以上為公司專項部門 Eland Incubating 的努力成果，其宗旨為幫助那些貧困者、家庭破裂者、殘疾人士等無法自力更生的鄰舍，得以繼續前行。受之於社會，回饋於社會，乃基督徒作光作鹽之見證。（參 www.elandretail.com）

이십일

第二十一章　宣教軌迹：首爾半日遊導覽

這一章寫給以下讀者：喜歡旅遊，但已厭倦只為美食和購物的；關心宣教，但自覺心志須挑旺的；偶爾「煲」韓劇，卻又想深入認識韓流的；最後，肯在旅行前閱讀資料的。

寒假季節介紹兩個景點：培才學堂歷史博物館和楊花津外國人傳教士墓園。韓國官方旅遊網頁都有這兩處的簡介。兩個景點可各花一小時遊覽。由前者的市廳站到後者的合井站，地鐵時間半小時與步行，交通共約四、五十分鐘。全程三小時可以看完，再加一頓飯時間，所以是半日遊。

首爾市中心，市廳站西邊的德壽宮，正門牌匾是三個大字「大漢門」。環繞此宮方圓三、四公里，是百多年前大韓帝國的中心，也是基督教的心臟地帶。筆者童年在此長大。認真從這一區順著西、北、東、南方向轉，也就是由大漢門左側的貞洞街入口順時針方向走，見到三叉路選人流多的中間一條續行，看到京鄉新聞大樓（對面是漢城中華基督教會）——貞洞街的出口，這著名的貞洞街便結束。街口右轉，北向是首爾市立博物館，這裏是東西走向的新門路。向東步行十幾分鐘，再右轉向南沿朝鮮日報社折回，途經聖公會首爾座堂（另一必看景點），就來到起步的大漢門右側。整個行程慢走一個小時。我們的焦點在第一位來韓的監理會（循道衛理會）宣教士亞扁薛拉（Henry G. Appenzeller, 1858 ～ 1902）身上。

貞洞街入口步行約五分鐘後，看到三叉路處的貞洞第一
教會，韓國最老教堂之一。此教堂就是由亞扁薛拉牧師
創建。該堂西側是必訪之地——培才學堂歷史博物館。
博物館不大，免費入場。這是韓國最早的西式教育機構，
以後的培才高中是一流學府，首任大統領（總統）李承晚
便是出自該校。從培才學堂、貞洞教會至梨花女中舊址，
步行約十分鐘的貞洞街，全都是宣教士的果子。連位於
新村購物區的名校梨花女子大學，也是監理會宣教士的
傑作果實。話說貞洞街的梨花中學舊址裏，也有博物館。
這要等到掌握抗日運動義士柳寬順的故事，才能感受此
博物館的趣味。

培才學堂歷史博物館的入口，有顯眼的馬可福音十章 45
節文理版：「非以役人，乃役於人」字樣。筆者建議香港遊
客若不打算重訪該地，則最好先讀亞扁薛拉生平。除了網
上簡短文章之外，較值得細讀的是威廉·格菲斯所著《韓
國的近代拓荒者：亞扁薛拉生平》（William Elliot Griffis,
*A Modern Pioneer in Korea: The Life Story of Henry
G. Appenzeller*）。十九世紀著名的西方宣教士多屬優秀
知識分子，亞扁薛拉也不例外。但是十九世紀八十年代
的朝鮮，是清日兩軍較勁的戰場。向著亂世和不安的隱
密國度進發，西方宣教士有怎樣的驅動力和經驗，則是
今日旅遊者當回顧的功課。故事很巧妙，他與長老會宣
教士元杜尤（Horace Grant Underwood, 1859 ～ 1916）
二人同船同時抵達漢城（現首爾）外港濟物浦，開啟了韓
國基督教歷史的新頁，那是 1005 年 4 月 5 日復活節。
元杜尤是延世大學的始創人，他建立的第一所長老會教

堂新門內教會正在重建，會址就在新門路右轉回到大漢
門之前。大膽陳述，若說這二位傳教士改變了韓國近代
史和國運，也不算誇張。

亞扁薛拉比元杜尤大一歲，但卻於四十四歲離世。在一
次航行南下到木浦市的海上，兩船相撞，因搶救他人而
離開人世。因此，選擇走訪他的墓地便具有深一層宣教
史旅遊的意義了。合井洞的外國人傳教士墓園是更精采
的下一景點，篇幅所限，留待下一章分享吧。

楊花津外國人墓園，地址為 04084 首爾市麻浦區楊花津街 46

墓園葬有宣教士和他們的家族 118 人，其中 38 人為兒童；
美軍和韓戰犧牲之美籍人士 64 人；非軍人非宣教士者 66
人；職業不明者 75 人；韓國人 23 人，總共為 376 人，包
括 133 名兒童。此照片為墓園 L 區低坡西邊之元杜尤家
族墓碑區。

이십이

第二十二章　宣教軌迹：葬身漢城的宣教英雄

對於海外基督徒遊客，首爾市半日遊必選之地，麻浦區合井洞外國人墓園是值得考慮的景點。地鐵二號線弘大站過漢江之前是合井站，就在此下車。但這前後有一小時空餘時，可另搭只一站之隔的六號線，於上水站下車。這裏往弘益大學方向步行一、兩分鐘，便是一棟獨立七層大樓的極東放送（遠東廣播），它是有著全國十二城市 FM 的基督教廣播電台本部。電台地面層有福音廣播博物館，免費入場，值得看看。說回合井站，朝南步向楊花大橋方向的「外國人墓園」，漫步十幾分鐘就是著名的楊花津。幾乎是罕有的，此地竟有二處宗教紀念館和展示館。一邊是悲壯的「天主教切頭山」殉道紀念館，另一邊是外國基督教人士墓園和博物館。

話說十八、十九世紀，天主教教士於艱難中，由澳門和北京向封閉的朝鮮進發。而朝鮮王朝因禮儀問題和政治鬥爭，發動多起教難，廝殺天主教徒無數。1839 年，朝廷將九名法國神父處死在楊花津；1866 年，又傳說有八千朝鮮天主教信徒殉教。但華人不可不知的史實是，第一位赴朝鮮半島傳教的天主教外國宣教士，竟是中國天主教徒周文謨，他也於 1801 年被處死，葬身朝鮮半島。由周殉難之前至 1866 年前後，天主教徒一直在患難中傳教。1866 年八千信徒遭難之際，又成為宣教史的劃時代之年。同一年，基督教宣教士崔蘭軒（Robert Jermain Thomas, 1839 ～ 1866）於平壤的大同江殉道。因此，朝美外交產生巨變，為日後的亞扁薛拉（Henry G. Appenzeller, 1858 ～ 1902）和元杜尤（Horace Grant Underwood, 1859 ～ 1916）兩位美國宣教士赴韓創造契機。

亞扁薛拉和元杜尤代表著百年後在韓國基督教信眾最多、對社會影響最大的兩個宗派，即監理會（循道衛理會）和長老會。對於當時的朝鮮，宣教士都是高級知識分子和社會的領袖。亞氏在 1885 年復活節抵達朝鮮，卻只工作了十七年，於 1902 年死於南下木浦的海域，年僅四十四歲。他那一代宣教士全都離開人世，但是他們留在韓國的最後驛站，能讓後世具體緬懷之處，就在天主教徒殉教「聖地」旁佔地一萬四千平方米的外國人墓園。

根據當諾德‧克拉克（Donald N. Clark）的研究，此墓園葬有宣教士和他們的家族 118 人，其中 38 人為兒童；美軍和韓戰犧牲之美籍人士 64 人；非軍人非宣教士者 66 人；職業不明者 75 人；韓國人 23 人，總共為 376 人，包括 133 名兒童。安葬者共有十四個國籍，分別為英、美、法、德、加、澳、比、意、日、紐、菲、蘇、南非和韓國。在墓園的 I 區第九排高坡會看到亞扁薛拉、他兒子和媳婦的墓碑。亞扁薛拉的兒子晚年重病，死於紐約，但骨灰移回了楊花津。L 區低坡西邊有元杜尤家族墓碑，包括他與先後的兩位妻子和兒子與兒婦。兒子曾在延世大學前身之朝鮮基督教學院任校長。對於初訪首爾的遊客，入口處的展示大廳和博物館是必訪之地。前者可容約近百人的大堂，有韓國宣教歷史短片，後者則陳列出當年宣教士使用的物品，極有歷史價值。而且博物館配以現代影音設施，使參觀者經歷一次差傳心靈之旅。如果遊走一趟如此墓園，即使不太明白其背景史實，也會被在朝鮮王朝至韓戰期間犧牲的傳教士感動。我們可以想像，甚全連非基督徒旅客，也可能默默激起生命意義的反思。

이십삼

第二十三章　濟州島的奇迹與考驗

濟州島的景色馳名國際，但很少人知道這個朝鮮半島最南端的島上有一個奇迹，而且它與中國大陸息息相關。

當一扇門被迫關閉之後

上世紀七十年代，因美國將沖繩島的管轄權交回日本政府，位於該島的遠東廣播公司中波電台 KSBU 也就面臨撤出日本領土的命運。當一扇福音的門被迫關上之後，另一扇更大的福音之門竟打開了！遠東廣播的創辦人鮑曼博士（Dr. Robert Bowman）說：「神要我們注意到黃海的另一個小島，隸屬韓國領土，距離中國更近，最適合中波的發射。1970 年，韓國政府批准了特許權給遠東廣播公司 HLAZ 台，可設二十五萬瓦的電力。三年後，濟州島的電台就開始對中國、日本、俄羅斯和韓國播音了。」鮑曼博士的兩、三句話背後，帶出了關注歷史的人不能忽視的重要細節。

1972 年 5 月 14 日是 KSBU 電台必須撤離沖繩島的最後期限，遠東廣播公司的領導人於 1969 年 9 月開始探討這中波電台遷移事工，這時位於菲律賓的良友短波已經向大陸廣播二十年了。翌年 3 月，遠東廣播的眾主任雲集東京開會，遠東廣播的沖繩島主任賴特曼（George Littman）最先提出以濟州島為向中國廣播的候選地點。當年濟州是無名小島，但賴特曼以他擁有航空駕駛執照和身為軍人的特殊條件，事先作了濟州島的上空飛行探察工作，他的報告與建議被眾同工接納。其後賴特曼弟兄雖因心臟病離世，但他的建議卻影響遠東廣播公司對

華東、華北的福音事工，以後證實，遠東廣播的大陸來信中，濟州島中波電台竟佔了五成多。他們作了正確的決定，但卻要靠信心邁出行動的一步。

遷移濟州島難關重重

議決濟州島是面向中國的中波廣播最佳地點時，遠東廣播的東京主任威金遜（David Wilkinson）來韓邀請他當年在巴伯鐘斯高中（Bob Jones High School）和大學的同窗金章煥牧師，協助於濟州島設立益友一台，以此向中國、俄羅斯、日本和韓國本地廣播福音。自此，金章煥牧師一生投入帶領韓國遠東廣播的事奉。金牧師曾憶述當年設立發射站的重重難關：申請廣播執照、購買地皮、招募同工、與國際遠東溝通等；然而，其中最大的難關莫過於經費不足。1972 年 8 月，瑞士製作的發射機運送到韓國釜山港等待過關時，就曾面臨通關稅比發射機金額更昂貴這問題。以遠東廣播當時的經濟預算，根本無法取得所需的廣播設施。當人的能力已到盡頭時，神的大門再次打開。韓國政府當局的統一院是主理南北韓事務的特殊單位，他們樂意伸出援手，借出「統一院」的政府名義，使所有發射機機件免費過關，再由統一院無償借給遠東廣播公司使用一段時日，最後轉為全數贈送。機件滯留在海關半年多以後，1973 年 3 月 5 日，發射機終抵達濟州島。這是韓國政府信任一家還未廣播的福音電台的實例之一，也遙遙呼應了舊約時代波斯王古列成就救贖計劃的奇妙，四十多年前，相似的神蹟也在這東亞的小島發生。

149

聲音的奇迹

益友一台於 1973 年 6 月 30 日由濟州島向大陸廣播福音，
電力為二十五萬瓦，是韓國非政府電台中功率最強的。這
時的中國正值文革後期，遠東廣播公司和海外教會沒有人
知道大陸有多少人收聽。五年半以後，曙光乍見，我們不
但看見了改革開放的新時代，更見證了益友中波電台訊號
一千二百公里半圓範圍內的收聽情況。從 1979 年開始，
不但良友短波的聽眾反應呈上升趨勢，就連位於濟州的益
友一台也是不斷上升。1981 至 1990 年的十年裏，益友
中波一台從大陸共收到 54,116 封來信，佔了遠東廣播中
國聽眾反應的 55.4%。1991 至 2000 年的十年裏，共收
78,611 封信，佔整體來信的 50%。九十年代的十年雖然
下降了 5.4％，但整體來信已經增加。我們看到 1981 至
2000 年，這座位於濟州島的發射站共收到 132,727 封來
信，佔了大陸整體回應的 52.65%，這些數字背後是一個
個寶貴生命對福音的回應和代禱的呼籲。一個更重要的事
實是，益友一台每天只播出五個小時又一刻鐘的普通話節
目，因此，我們為它能服事這麼多華東、華北、華中和東
北的聽眾而感恩。過去這些年來，我也曾在福州、上海、
北京、瀋陽、哈爾濱、圖門江畔，甚至西安等地親自聽到
發自濟州島訊號強弱不一的福音信息。站在神州大地聽著
自己熟悉的聲音，它來自遙遠的異國小島，感受著可覆蓋
億千靈魂的福音禾場，我們為前人的智慧抉擇和努力向神
獻上感恩。

屬靈爭戰

福音宣教的道路似乎沒有全程的歡呼。進入新世紀的

2000 年，遠東廣播發現眾多聽眾的訴苦與益友中波的訊號有關，經過研究，我們發現就在益友中波第一台 1566 千赫最臨近的位置，出現了另一座宗教電台，導致干擾現象；更令我們擔憂的是，該電台傳講錯謬的基督教道理，影響著眾多樸實的大陸信徒。在公元 2000 年的四個月裏，我們以收到的四千封大陸來信作分析，其中三百封表示廣播訊號不佳，而更有一百零五封指明這座謬講真理的電台干擾了益友一台。進入二十一世紀，遠東廣播公司多方研究對策，同時我們密切留意濟州島中波電台的反應：2001 至 2005 的五年裏，益友一台的收信率分別是 36.5%、39.8%、30.4%、18% 和 15%，由九十年代末仍維持五成的來信下滑至一成五，分明是嚴峻的考驗。我們判明它的因素不全在內地的社會轉型，也不在發射站，然而遠東廣播還是付出昂貴代價購置全新發射機，更換了濟州島才使用三十幾年的機件，務求為同胞得救擺上最好的。

151

迎接挑戰

教會歷來的考驗是內部多於外部的，是異端的傷害大於外在的迫害，新約時代如此，教會歷史也往往如此。益友一台鄰近的「電台」租用了台灣強而有力的電台，向華東散播錯謬教導，混淆了信徒的收聽。遠東廣播的工程師多番研討與奔走，認為全新的發射機再套以特殊配件，可集中並縮短 1566 千赫的頻道，達到與鄰台隔離的效果。整個工程架建成功後，還需要在大陸的主要地區作核聽與檢驗。香港遠東廣播素來願意操練信心的服事，我們曾為濟州島的發射站感恩，如今樂意再分擔這項為

大陸同胞而作的服事。我們求神感動和供應，使中國大陸的聽眾免於鄰台錯謬信息的干擾，使問題得以解決，讓真理的道仍能在黑暗勢力的攪擾之中，清晰的傳揚。

我們的禱告是經過這幾年的中波廣播混戰和考驗，再次看到空中得勝的大門重開，讓濟州島的奇迹持續，因它與我們的同胞息息相關！

韓 國 的 極 東 放 送（遠 東 廣 播，Far East
Broadcasting Company〔FEBC〕）由兩個宣教
機構之兩個中波電台組成，分別是協同會（The Evangelical
Alliance Mission）之極東放送（電台呼號 HLKX）和遠東廣
播之亞細亞放送（電台呼號 HLAZ）。前者於 1956 年啟播，
發射站設於仁川市海岸（後遷移至近海某島）；後者於 1973
年在濟州島開始了功率為 250KW 的廣播。

由於兩間差會宗旨相同，服事對象也一樣，遂於 1977 年正
式合併，由本地教牧領袖金章煥牧師領導，成就了西差會和
韓國教會合作的見證，同時又促成兩個宣教機構合一事奉的
佳話。至於韓文名稱則沿用原先之「極東放送」，但英文名稱
使用「遠東廣播」（FEBC）。由於金牧師的領導恩賜，該會
除此兩個中波（AM）電台之外，九十年代又積極發展本地廣
播，現已成長為具有國內包括調頻（FM）台共十三個福音電
台的事工。遠東廣播的使命為「藉廣播‧傳基督‧到地極」
（Christ to the World by Radio）。

이십사

第二十四章　全球韓國學生福音運動：KOSTA

「韓」國教會留給世界教會史的兩個特點，就是教會的早禱會和 KOSTA。」這是國際福音主義學生聯合會（Korean Students All Nations，以下簡稱 KOSTA）網頁^{（註）}引用了宣教統計專家莊斯頓（Patrick Johnstone）的一句話。感覺是為宣傳，略有片面之嫌，但是對青年學子的負擔、福音信仰的執著和普世宣教的推動而言，KOSTA 似乎真的表現出這樣的精神。

早年在青年歸主協會（Youth for Christ）任總務的李東元（音譯，英文名 Daniel Lee）牧師，1986 年在美東馬里蘭州牧養教會時，舉辦了第一屆在美韓國留學生退修會（Korean Students in America），結果帶起韓國留學生福音運動。他邀約韓國國內的洪正吉牧師一起服事留學生。洪牧師已年逾韓國牧者退休的七十歲，他從學園傳道會轉向牧會以後，創建了南首爾教會，蒙神賜福，一生共植二十三間教會，又設立兩大機構，分別關愛北韓同胞和國內殘障人士，做得有聲有色。

洪、李二人皆為福音派領袖，又與已離世的大地教會河用祚牧師和愛的教會玉漢欽牧師，有韓國「福音主義四人幫」的美稱。第一屆 KOSTA 只有約二百名留學生參加，旨在實踐福音化、推動民族（愛國）異象和重視學問，當年的主題是探索性的「我們何去何從？」。首屆聚會蒙神賜福，往後每年的留學生大會不斷增長。歷年大會主題也反映了時代特色，分別為「祖國到地極」（1986年）、「誰為時代獻身？」（1987 年）、「如何自處？」（1989 年）、「更新這一代」（1989 年）。

由於留學生歸主和復興之火被燃點，事工不斷增長。大會名稱也由在美學生（students）擴展為海外學生（diaspora），再以更廣的視野修改為全世界（all nations）。今日的 KOSTA 事工便是指全世界韓國學生和青少年（Youth KOSTA）。下面是服事對象的國界擴張：1988 年舉辦歐洲聚會，包括法、意、德三國；1993 年則在英國和日本進行；次年在俄羅斯；1996 年在加拿大、中國、澳洲；1998 年在南美；1999 年在台灣；2005 年在菲律賓等。2003 年開始還增設「領導論壇」。

從大會講員與 KOSTA 所出版的著作，亦能一窺其內涵。如《青年，起來！》（1997 年）、《青年，燃燒！》（1999 年）、《此世蒙福者的五樣靈性法則》（1999 年）、《我信正直者必亨通》（2004 年）、《因使命而動的人生》（2005 年）、《我預備未來》（2005 年）、《福音斷定我的存在》（2011 年）、《改變世界：以耶穌的心》（2012 年）等。

回顧三十年的全球留學生運動時，李東元牧師表示起初並未設想 KOSTA 能發展成為普世韓國留學生福音運動。經過孕育期（1983 ～ 1986 年）、成長期（1987 ～ 1999 年）、擴展期（2000 ～ 2008 年）、跳躍期（2009 ～ 2015 年）。如今，KOSTA 繼續朝四方面努力：福音的真義、靈修的踐行、信仰與學問的均衡、活潑的教會生活。

該運動達二十年之際，2006 年正式於首爾稅務所登記為「國際福音主義學生聯合會」。常出席此退修會任講員的

金東鎬牧師（前永樂教會副牧師、作家）表示，由 1992年起，出席 KOSTA 反成為牧養教會耗盡時的自我復興。雖然大會規定講員開支自費承擔，一年六次前往服事，亦樂於往矣。

受 KOSTA 啟發，韓國的 CHISTA（Chinese Students All Nations）也開始活躍，據悉 2018 年 9 月舉行時，有千人出席，陳世欽牧師為講員之一。然而，起步階段的中國留學生福音運動，何時突破大環境陰霾的限制，還待我們以信心和智慧去突破。

註：http://kostaworld.org/kosta/kostaworld/kostais

KOSTA 由李東元牧師創始。他先後畢業於威廉丁道爾學院（William Tyndale College）、韓國國立高麗大學、美國東南浸信會神學院（Southeastern Baptist Theological Seminary），並於芝加哥三一神學院（Trinity Evangelical Divinity School）取得宣教學博士學位。李牧師早年在水原中央浸禮教會和青年歸主協會（Youth for Christ）事奉，屬靈導師為金章煥牧師，期間也深受斯托得（John Stott）和魯益師（C. S. Lewis）的著作所啟發。四十多年前，李牧師創立地球村教會，現主日崇拜分七堂聚會，另有英語、華語和蒙古語崇拜。李牧師是韓國最優秀的福音佈道家之一，在努力事奉的背後，還經歷生命的歷練。2020 年，李牧師在美國任律師的次子患大腸癌離世，令他嘗到愛子先於自己回天家的深刻痛苦，叫他無法明白主的深奧旨意，但一切皆是信心的操練。

이십오

第二十五章　從阿富汗人質事件看宣教契機

如果當初韓國泉水教會差傳部知道，短宣隊回程要在死亡邊緣折騰一個多月，並送回兩口棺木，整個短宣行動，會否有所不同？一般韓國教會都能實行的短宣活動，竟引發韓國輿論的各種褒貶，也引起國際間廣泛討論，還牽動韓國政府，同時帶動海外有心人的同情與代禱。若時光可以倒流，這家教會重新策劃阿富汗醫療服務，會有怎樣的改變？這問題是 2007 年阿富汗人質事件留給我們的功課。「學費」已經付出——裴亨圭牧師和沈聖珉弟兄的生命，他們的親人及信徒的眼淚，還有不能推算的各方面消耗，都是這次教訓的昂貴代價。

若將這問題判定為基督徒走進伊斯蘭國家而造成的命案，或基督教與伊斯蘭教的矛盾，其影響則遠超我的評述能力。我們知道上述問題在過去十多個世紀沒有改善，今天基督徒也在努力，甚至將來都不易解決。我常暗忖「基伊（基督教與伊斯蘭教）矛盾」的根源既能追溯到舊約創世記，那麼它的化解若要等到啟示錄之主再來，也不是稀奇的事。韓國泉水教會的醫療短宣隊闖入了這個牽連甚廣的禁區，可能沒有人預料到它的嚴重後果。

2007 年 8 月 31 日，最後一批人質回到韓國後，《牧會與神學》的出版機構立刻於 9 月 10 日在首爾梨花女子大學禮堂舉行公開講座。主持人是該出版社總編輯崔源俊（音譯）牧師，講員是全在玉（音譯）教授。全教授畢業於英國倫敦聖經學院（London Bible College）及美國福樂神學院（Fuller Theological Seminary）宣教系，長期參與巴基斯坦宣教事工，也是韓國教會最早參與巴基斯

坦事工的女宣教士，曾任梨花女子大學教授、（馬可）樓房傳道協會會長，以及韓國伊斯蘭研究所所長。

全教授指，首先要以更宏觀、更長遠的積極角度看整個事件，差傳與殉道難以分割，而且在二十三人遠赴阿富汗之前，已有其他國家的基督徒為主擺上生命。殉道是榮耀的事奉，但出隊之前應大為謹慎。如果將事件政治化，就不應該是韓國教會採取的路向。要不斷培養檢討的能力，對差傳經驗相對較淺的韓國教會而言，這次事件是成長的契機。全教授也承認，韓國教會有不純正的差傳動機，不應為著「大展拳腳，表現作為」而踏入宣教工場，但這次事件更嚴重的問題是在方法上。全教授認為，每次出隊的人數上限是四人，四人以上則不應考慮在回教地區短宣。她還強調，「宣講」的宣教與「臨在」的宣教應同時被重視，後者是以生命影響生命的生活見證，而不應有操之過急的浮躁心態。

163

2007 年 10 月號的《牧會與神學》除了以八頁篇幅報導全教授的觀點外，又以六頁篇幅刊載了五位韓國教牧和差傳領袖的分享。具有國際宣教協會（OMS International）背景的首爾神學大學宣教學教授崔瑩根（音譯）牧師提出，社會攻擊教會有其歷史的共同因素，初期教會沒有屈服在公會的威嚇之下，今天的韓國教會在自省的同時，仍要立場堅定，不可動搖。差傳是教會的本質，也是基督徒的人生意義。我們應回到聖經看整件事。崔教授相信，兩位犧牲性命的弟兄將會像落在地裏的麥子，日後結出許多子粒來。

「宣教韓國」（動員力極強的宣教機構）常任委員長韓哲皓（音譯）牧師看到韓國輿論的負面批評，提出重新反省教會在社會中的形象，並要以悔改的勇氣更新教會羣體應有的見證。他有段一針見血的指摘，直譯如下：

> （韓國教會）過去二十五年快速的差傳成長是神的賜福，但也帶來許多問題——短期宣教是其中之一，它成為各堂會便於參與差傳的途徑。然而，差傳根本不是方便和容易的事工，個別堂會單獨參與的方式也要重新檢討。這次事件差會也有責任，差遣裝備不足的隊伍出外是要檢討的部分。
>
> 差傳既是非常複雜又多層次的事工，韓國教會若要在日後的宣教事工上有所突破，就要付出更多努力和實踐更新。不僅探討宣教理念，也要在宣教模式上有所進步。
>
> 應有充分的裝備才踏上為期一、兩週的短宣，而且短宣要以發展成一至兩年的宣教士差傳事工為導向。

韓牧師指，由短宣發展為長期宣教士是新的思維模式。可以推測，若這個說法廣被接納則會出現兩個結果：一是短宣活動的萎縮；其次是出現更多的委身宣教士。

我的大半生幾乎都在韓國度過，其中有一半歲月與韓國教會接觸，並與韓國遠東廣播同工配搭服事中國大陸同

胞。在近二十年的工作經驗中，我體會到華人的兩種心態——首先是難以接受韓國民族的強悍個性、魯莽與膚淺；但在當地工作十多年後，我的心態改變了，開始看到韓國文化的優美，尤其承傳儒家精神的部分；也體驗韓國民族的純樸，以及與生俱來的敬虔，不論是否基督徒。2007 年 7 月 19 日，塔利班（Taliban）挾持二十三名韓國基督徒的消息傳開後，裴亨圭牧師的同鄉李弟兄對我說，大家都推測第一個將生死置諸度外而力圖保全短宣隊的，一定是裴牧師，結果在 7 月 25 日傳來裴牧師殉道的消息。據說，裴師母已將牧師的遺體捐贈大學作公益教育之用。這位李弟兄是我十多年的同事，聽得出他對裴牧師的敬仰。我要強調在韓國事奉的後十年左右，我體驗到更多韓國基督徒的慷慨和無私。這是主觀感受的比較，正因為他們不拘小節的處事方式，少了斤斤計較的作風，就容易在風險高的創啟地區闖禍，但更多單純愛主的年輕人仍會前仆後繼地踏上宣教的道路。

韓國基督徒的阿富汗人質事件，捲入十多個世紀以來「基伊矛盾」的漩渦，有人甚至稱這是異文化中再衍生之敵文化衝突。對於文化上缺乏「風險」詞彙的韓國教會，我著意轉述該國同工同道的省思，而我因著特殊感情與事奉歷程的背景，不欲對韓國弟兄姊妹有所苛求，只為不同宣教勇士能生生不息地往前走而替韓國代禱感恩，更渴望華人教會也能在深謀遠慮的作風外，展現靈裏單純和性情火熱的生命。

這些年來，我一直思索韓國能成為世界第二大宣教士差

出國的因由。排除文化因素，我發現這次「不幸」事件正是因人為錯失而造成痛苦，同時又可能轉化為成長的歷練契機。這是韓國教會宣教史的重要教訓，也是亞洲信徒的寶貴借鏡。從捲入複雜事件的短宣活動裏，我們看到教會影響力愈大，愈要謹慎行事；教牧責任愈大，愈須具備遠見的智慧；同時，尤其不能失去上天賦予的勇氣——來自聖靈、如初期教會的那種氣魄。

韓國泉水教會在阿富汗的短宣教訓，曾被著名導演李長鎬以改編的劇本，搬上銀幕，於 2014 年受難節上映。李導演是八十年代最具影響力的韓國電影人之一。他在 1974 年執導的電影作品《星星的故鄉》，由申星一和安貞希主演，藉大尺度的情慾和婚姻倫理的探討，掀起了賣座浪潮。1982 年的《身處困境》，他將盲人牧師安約翰的生平見證拍成電影，取得了巨大的回響。沉寂一些年之後的李氏，於 2013 年再戰江湖，在第十八屆釜山國際映畫祭獻出《視線》（God's Eye View）這部作品，講述韓國宣教隊在被敵視文化族羣中的掙扎故事，明顯影射泉水教會的短宣事件。可能由於韓國教會和社會對阿富汗事件的哀傷仍未完全平復，普遍人對這部電影反應冷淡，而這部電影也為其執導生涯畫上黯然句號。

基督教的偉大，往往隱藏在她的弱小中，甚至失敗的痛苦經驗裏。這令筆者想起初代教父特土良（Tertullian）的一句名言：「殉道者的血是教會的種子。」在這個極具挑戰的跨文化短宣現場，因著裴亨圭牧師和沈聖珉弟兄的生命終結，筆者深信，終有一日，福音的種子會在土裏面生根發芽，或在久遠的將來，後人便能看到特土良的名言又一次應驗！

文化篇

이십육

第二十六章　韓國前文化部長的「浪漫」

李御寧是詩人、文學評論家和無神論者。他很會演講。韓國遠東廣播曾特邀他分享專題，他的內容超越了非基督徒的層面，至今，事過多年，留下的印象還在我心。2007年，他七十五歲。有一天《東亞日報》以幾乎是整個版面來報導他要接受洗禮的消息。這位文化人五十年來穩站無神論的立場，為何動搖？為何改變？為何韓國大報認真報導？其心路歷程寫在2014年譯成中文的《從不相信到相信：無神論者與神的對話》。有時，我相信直覺。讀了幾篇以後，我的心底湧出激動的情感。試問：「最痛苦是怎樣的一種感覺？」不是傷痛，而是痛到極點的無痛感覺！是感官已死、感知神經衝爆的感覺，是無淚、無知覺的死的痛苦。但因為生命還在，所以活著。其實，可能很多人都活在這種知覺已死而沒有痛楚的痛楚之中。

李老先生信主是有原因的。他所疼愛的女兒玟娥在洛杉磯作律師，四十七歲患癌症，面臨眼瞎的命運。但是她卻異常喜樂，保持著敬虔和倚靠天父的心。李御寧也自認，如果這地上的爸爸幫不了她，就讓她天上的父親給她慰藉吧。但是他又痛苦地掙扎，上帝如果存在，怎能教自己心愛的女兒受這般折磨？萬一靈界的彼岸沒有上帝，玟娥我的女兒又怎辦？1988年漢城奧運會時的文化部長，半個世紀的文壇名將，遇到了人生最痛，他揮灑了最真摯最真誠的文字藝術。有一天清早，他望著女兒去教堂的身影和自己目光交織，他又看到童年玟娥的大眼睛，回憶與現實融合為一。那是幸福的一個早上，這位詩人在感慨之中衝口說出：「告訴你們的牧師，我

要受洗！」老爸看著年紀不小的女兒，竟然就能改變信
仰？這是疼的至極結果，是人認識自己有限的巔峯，是
勇敢的抉擇，更是慈愛的自然流露！

如果，你覺得生活過得很累，眼睛無淚；如果，你的世
界需要美麗，缺乏能耐；如果，你想感受另一種文化的
詩意，滋潤心底……這本書可拿來看看。更且，李老是
一位典型韓風下的俊男，無礙於他八十多歲的現實！

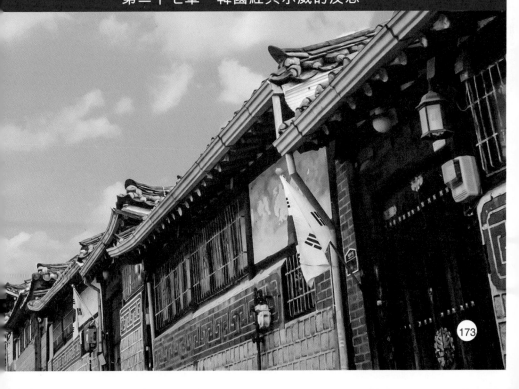

이십칠

第二十七章　韓國經典示威的反思

2008 年 8 月 27 日，韓國首爾市出現了二十萬來自佛教團體的示威羣眾（警方數字為六萬人），他們向上任不久的李明博大統領及其領導的政府表達強烈不滿，但其背景因素複雜，決不是一、兩句以「基督徒總統的宗教偏袒問題所造成的」事件能表達清楚的。事由的直接導火線為蔓延至 6 月 10 日的百萬人燭光遊行示威羣眾中，有人躲進佛教曹溪宗本部，而曹溪宗領袖的車輛被身為基督徒的首爾市警察廳長授命攔截，作例行保安檢查，結果引起異議，擴展至各類基督徒公職長官的教會活動，被佛教界集中攻擊。從前總統諾貝爾和平獎得主金大中公開支持「反對美國牛肉進口示威」，並聲言現在的韓國政局是「民主主義危機」來看，8 月底至 9 月不斷擴散的佛教界示威抗議，決不是單純的宗教問題，也不是打出的旗幟般動機單純，而是只有局內人才易解讀準確的政治事件。若套上由金大中前總統開創的北韓陽光政策，經盧武鉉政府維持四年後，後來又被李明博解除的觀點看；再加上金、李兩人出身的背景為韓國人極敏感的敵對兩省的這個背景，此次佛教徒示威的詮釋課題之龐大，是可以想像的。

然而，近代韓國示威運動的發展，給香港基督徒有足夠挖掘的社會現象，讓我們在跨文化的事奉中有多些層次的思索。

韓國示威的特色

首先，韓國的示威發展到今日已具有嘉年華會的格調，比參加慶典還振奮人的情緒。2008 年 5 至 6 月以高初中

學生為主體、家庭單位助陣的反對進口美國牛肉的燭光
晚會，可以持續四十多天並達到百萬人，是因它的核心
價值悲壯神聖之外，還有賴豐富的綜藝元素。從照片與
報導中，我們大概可感受到當中的歌唱、舞蹈和文娛氛
圍；全家老少一同出發，人人是導演，人人是演員，人
人也是觀眾。韓國示威是藝術表演的平台，有由訴求口
號改編成流行歌曲的，有匯入小說雜文的，已達到生活
有示威，示威有生活，以至成為生活文化一部分的境地。
但是，在示威頻繁的文化裏，還可分類為農民示威，那
裏有農樂和相隨的農村符號；有工會示威，那裏有另一
類的工業表現方式。看得多了，便知道熱鬧背後是哪些
團體在操弄，哪些單位支持與動員，不同的水平有不同
的格調。有靠示威維生的「專職」人士，也有寄生於其間
的「示威棍」（韓文就用貶意極深的「棍」）。工會團體
聯會與農民的結合，還可演變成火藥味濃厚的示威陣。
是的，示威不單是浪漫的藝術符號，它還可以是求生的
最後手段。在這原始的較力發威陣線上，它是與治安單
位的戰鬥，不但要勝利還要吸引媒體，尤有甚者，它不
是出現在報紙的娛樂版，而是頭條，是正派高格新聞。
香港有機會於 2005 年世貿大會期間，目睹功力深厚老
練、戰略行動有素的韓農示威，並稍稍領會這個國家從
上世紀六十年代發展至今的示威文化的境界。

示威的英雄主義

前總統金大中是天主教徒，其夫人是基督教監理會長
老，我在極東放送的特別直播訪問現場，看過他自然流
露的演說才能，他還告訴主持人最喜愛的詩歌是約翰‧

175

牛頓（John Newton）的《奇異恩典》。他在上世紀六十年代末，一直是軍政府的眼中釘，金大中當然是韓國示威文化的元老之一。李明博也是位基督徒總統（2008 至 2013 年），他在首爾市的所望長老教會聚會並熱心服事。哥哥是長老，妹妹是傳道人。美國福樂神學院的柯福德（Charles H. Kraft）教授為郭善熙教席教授，西方主流神學院的教席能冠上韓國牧者的姓名還算少見，郭善熙是其中一人。郭牧師是 1977 年開荒建立所望教會的韓國最有影響力的十位宗教領袖之一，也被選為影響韓國的百人之一，而他牧養的教會就出了韓國第十七任總統李明博。李明博也有「光榮」的示威經驗。1964 年的「六三事態」，有十八所大學的一萬五千名學生及民眾共三萬人抗議政府靠攏日本的政策，結果一千一百二十人被捕，三百四十八人被判內亂罪而押進「刑務所」半年，其中一人是李明博。

近代史裏的示威

示威在香港是遊行，它是一種克制合法的訴求表達，1989 年的六四才算具規模的遊行萌芽期，九七後漸漸開花。但韓國卻從六十年代開始，走過七十、八十、九十年代以至本世紀的今日，不斷成長。示威在韓國不單單是針對某個訴求，它往往與民族存亡扯上關係，那是悲壯愛國的代名詞，與愛國的涵義密不可分。1910 年，朝鮮完全落入日本統治，韓國進入日治時代的四十五年裏，全民示威的歷練就這樣被日本壓迫而熬煉茁壯。今天仍然是公眾假日的「獨立運動紀念日」事發在 1919 年 3 月 1 日，由一位基督徒女中學生柳寬順帶動全國示威。

「獨立運動」是韓國示威的經典，朝鮮半島已經沒有自己國家的政府，愛國領袖於這年借助於國民黨在上海的臨時政府，為這單一民族的國家寫下最悲情的一頁。任何一個韓國人，無論是否基督徒，讀以色列民被擄與回歸，都可以從心中共鳴，因為自己國家的確滅亡過。聽他們的國歌第一節歌詞：「至東海水盡、白頭山崩，神必保佑，我國萬歲。」明白韓民族仰望上天的祈願，知道這是不太需要開佈道會證明「有神論」的少數國家之一。今天他們仍背負著南北韓分裂的民族包袱。

示威與愛國

「獨立運動」也稱「三一運動」，以教會為中心，女學生搖揚太極旗衝出街頭的激昂，感動全國百姓。一個月裏能有 1,000,368 人參與示威，3,336 人被殺，9,227 人受傷，35,712 人被囚。這是日本統治韓國九年後的救國行動。1919 年 5 月發表的教會受害數字是：十七間教堂被毀，部分破壞的二十四間，有受損毀的四十一間。6 月 30 日的數字顯示，有 2,190 名基督徒入獄，包括 151 名傳道人，比信仰其他宗教的入獄人數多 1,556 人。而這些基督徒和教會的傷亡與破毀數字，只是漫長救國運動的開始。

韓國經典示威是指延續一個世紀（1919 年至今）的愛國救國行動，對韓國人民來說，它是原創的（非外部勢力介入）、基礎性的（關乎國家存亡）、典範性的（有高尚意義與價值），又是國民之間所心領神會的。在法制健全的社會裏，示威的時代應該已經過去，至少示威的模式已經改變了。但今日仍然有不同國家和不同的族羣，

為被集體壓制的苦悶和不公逼上街頭抗議，甚至還在揮動棍棒。韓國社會同樣有極大的壓力，近年就披露有一百八十萬人患上「酒精使用障礙症」，超過成人總數的百分之五，已經可以推測，這樣的社會令示威有市場，教會也有救助人的空間。多年前在首爾的早禱會上，正逢 3 月 1 日，講員分享完畢，便邀請韓國遠東廣播全體職員起立唱國歌，西教士和我們夫婦也隨同起立。我在既莊嚴又陌生的行為與感動的旋律之間，閃過一個意念：何時輪到我在禱告會唱我們的國歌？這是單純的夢？還是遙遠的夢？試想，基督徒的血淚在苦難中催生了一個民主國家的誕生，這怎能不叫人另眼看待她近百年來走過的路？

示威的日常

2022 年 11 月某週末，筆者走訪新門內教會後，於馬路遇見一批市民，他們手持國旗和「釜山區」的分組招牌，而附近的光化門廣場也傳出了擴音器的歌聲和喊口號聲。每逢週末，這一帶要麼有推廣活動，要麼有示威「節目」。這日正是碰上建築業運輸工人的聯合罷工潮。

이십팔

第二十八章　韓版《秋天的童話》之外

咖 啡廳裏，頭洙（Du-Su）一人獨坐，左腳半彎敲在茶桌邊，膝蓋上擺放一個茶杯，右手的煙灰往杯裏點。一個不務正業的韓版 Mark 哥出現在我們眼前！這是《赤腳青春》（*The Barefooted Young*）男主角申星一的英姿；對於我們而言，就是《英雄本色》的 Mark 哥或《秋天的童話》的船頭尺。

不過，時代再早些，演藝界卻給申星一一個國際美名：「韓國的亞倫狄龍」。他生於 1937 年，2018 年離世，享年八十二歲。藝名申星一的「星一」是導演申相玉所賜。申導演的人生曾因我們這個城市改變，我這年紀的讀者會記得在 1978 年，香港先後有韓國的女演員和一個導演被北韓間諜擄走，被迫於平壤從事電影製作。那位導演就是大名鼎鼎的申相玉，一個連北韓政府都需要的人！申星一成名也是因 1960 年被申導演相中，出演《浪漫老爸》（*Romance Papa*）。他一生拍過的電影共五百零七部，有說五百二十四部甚至更多。申星一曾連續三年獲得韓國第一、第二和第三屆青龍電影獎人氣明星獎，那是 1963 至 1965 年。他最後一次在公眾面前亮相是出席 2017 年釜山國際映畫祭。

一部永垂影史的電影作品，通常都有絕佳的劇本、導演、演員、主題曲和時代特徵等元素，《赤腳青春》也不例外。在黑白片的時代，他們用十八日殺青一部戲，而它不朽的第一原因是主題曲。作曲、作詞和演唱皆屬韓國頂級人物，電影開幕就播出歌曲，旋即融化觀眾。與電影同名的這首歌當然成了家喻戶曉的流行曲，也是一個時代的集體

記憶。當年歌王崔喜準，以潤厚的磁聲唱出第一節：

> 淚水、歎息，我獨自吞飲；
> 夜街、後巷，我雖鬼混；
> 惟獨愛情，獻上我寶貴生命。
> 説我街頭仔，我不容蔑視；
> 妳是太陽，我樂仰望；
> 終有一日，妳懂好漢真心！

故事講述頭洙是孤兒出身的流氓，追隨大佬（李藝春飾），販賣非法進口手錶，而且是從香港入貨。在送貨途中，他偶遇兩名受壞人欺負的女大學生，英雄救美人之間一個動刀的飛仔不慎受傷致死。頭洙也遺失一隻錶，這成為警方追查的證物。結果他雖然被捕，卻因獲救的女主角（嚴鶯蘭飾）透過作大使的父親解救出獄。一段權貴家庭的千金和街頭青年的戀情，在融入最動人的元素之下展開。

戲中女主角名叫約哈拿（Johanna），她是基督徒，她睡前的習慣是讀聖經。流氓青年來家以後的晚上，也試著閱讀聖經「貧窮的人有福了……」。就這樣，最後是天下有情人的幸福結合？還是被迫分離的掙扎悲劇？韓劇迷的讀者，可以到網上追看以 Korean Classic Film 為名的 YouTube 頻道，點選英文字幕便可。看官可留意，乞丐 Jackie 是與美軍打交道的「洋妓」所生，還有頭洙不離嘴的香口膠（口香糖）和開場的義肢，都是韓戰後的符號。黑幫休閒打麻將，吧女郎穿旗袍反映那時代的華人影響。

另外，五十多年前的明洞、南山和首爾火車站都是主角出現的場地，也值得留意。最後十分鐘的那場戲，雖是傳統套路，但導演細心處理，用白鶴和雪景點破《赤腳青春》的愛情宿命，是兩種世界的對比。這一幕筆者印象深刻，五十年仍揮之不去。

申星一的自傳《青春是赤腳的》披露，當年位於現朝鮮日報社附近的阿卡德米（Academy）劇場，買票觀眾排隊到大漢門！本來負債一億韓元的這間戲院，因本片的火紅賣座，債務得以解決。半世紀前的一億韓元是巨大金額。從該片開始，男女主角在電影業的話語權提高，也改變了產業以後的趨勢。申星一和嚴鶯蘭也因此結為夫妻，他們於華克山莊的婚禮創下一千二百輛車駛入、四千賓客出席的紀錄，成為新聞頭條。

韓戰之後，一個百廢待興的國家，電影業從原本以愛國為主的戲路，轉向青年浪漫的文藝類型，讓社會更具有活力。《赤腳青春》刻劃兩個距離遙遠的人，因愛使心靈互通，因接納能突破後天障礙，最終化成千年白鶴從雪地飛向永恆。難道這不也是走向抗疫第三年考驗的香港青年要面對的世界嗎？

《赤腳青春》火紅之後，電影主要受眾由過往的大叔大嬸，轉變為青年男女。申星一本人也曾經搏命拍片，有過一年接下一百五十部影片的紀錄，將一天分作四個班次，每班次投入六小時演戲（參韓國《中央日報》，2011 年 6 月 14 日）。現在的演藝世界完全是另一番天地，2019 年在戲院公映的電影共一百九十九部，觀眾為 226,680,000 人次，每人每年觀影數為 4.37 回，其中韓國電影佔有率為 51%。另外，據「映畫振興委員會」公布的《2020 年韓國映畫產業決算》顯示，2020 年由於疫情的打擊，電影收入比 2019 年銳減 73.3%，只錄得 5,104 億韓元的紀錄；韓國電影的全球市場收入合計則達 10,537 億韓元，仍比 2019 年減少了 58%。

이십구

第二十九章 《少女時代 1979》與 2018「儒教足球」

2018 年世界盃決賽後，話題的焦點多在亞軍的克羅地亞球員和女總統加芭姬達洛娃（Kolinda Grabar-Kitarović）身上，克國雖然輸了比賽，卻贏得球迷和觀眾的心。其實，他們的魅力絕非來自一場球賽，也非暴雨中總統和球員的感情交融鏡頭，更多原因是南斯拉夫解體後，戰亂下克國球員的滄桑成長背景觸動世人的同情與尊敬。同樣，雖不是決賽，韓國隊落在「死亡之組」之稱的 F 組，要與瑞典、墨西哥和德國較力，以亞洲運動員來說，若沒有頑強的克難精神和成熟的歷練，絕非易事。

該屆韓國在小組賽入球成績分別是負瑞典 0:1、負墨西哥 1:2、勝德國 2:0。以此觀之，他們不但能打贏早一屆世界盃冠軍德國隊兩球，令人耳目全新；與北歐強敵瑞典的交鋒經驗也不簡單。昔日韓國最差紀錄是 0:12，那是 1948 年在倫敦的舊帳。七十年前一場比賽輸下十二球的韓國，如今能與瑞典打出 0:1 的成績，雖然未贏，但誇讚他們在不斷進步，絕非過分。

日本教授小倉紀藏在《用心了解韓國：通往韓式心靈的十二個關鍵字》一書中表示，韓式足球就是「儒教足球」、「道德足球」。他解釋，「以上下次序為優先，絕對服從長輩的話並且像優等生般行事」是同為受儒家文化影響的日本所不及。這個絕對服從長輩，或者服從教練的傳統是其他文化不一定跟得上的。若韓國教練應聘訓練中國球隊，根據我們的觀察，同樣是受儒家文化影響的中國青年，卻不一定比得上韓國隊員死心塌地服從教

188

練命令。我們懷疑這屬「愚忠」則是另一回事。小倉紀藏也提醒讀者,「儒教足球」不是沒有冒險犯難心態,因為「雖千萬人,吾往矣」(《孟子・公孫丑上》)的精神也是儒教的。他認為「只要深信在道德上是正確的事情,不管面對的是甚麼樣的敵人都會勇往直前」。

我們還可以從 2018 年 6 月本港主流媒體播放的八集韓劇《少女時代 1979》解讀韓國社會的儒教之深、威權之重和抗壓之苦。劇情依循肥皂劇格式,敍述少男少女的愛情故事,但交織在人物背後的時代則充分反映了七十至八十年代交替時的韓國社會特色。這裏有最大電視台兼公營機構 KBS 的製作水平。1979 年是朴正熙大統領被謀殺的一年,次年光州民主化運動事件爆發。故事場景設在大邱市,它在規模上小於首爾和釜山,但政治上卻是強人領袖朴正熙和全斗煥成長起家的區域中心城市。直到上世紀九十年代,地緣政治敵視的兩個道(省)還是慶尚道(大邱為中心)和全羅道(光州為中心),是強權威勢和民主抗爭的兩個代表。

這樣我們就明白全斗煥執政時,光州市民被迫害又反彈的顛覆性,也能理解《少女時代 1979》劇集裏高中班主任以彈射女學生的乳罩背帶,來做刑罰的「暴虐」震撼力。他是有同情心的數學老師,但是在那個時代如同女主角的父親,就是威權至極的大家長。第二女主角朴惠珠的父親是親和的首爾大學教授,竟被通緝誣衊為赤色分子,受了囹圄之苦。

189

韓國國足創設於 1928 年，1960 年首獲亞洲盃冠軍，七十年代已有隊員被德國徵召（車範根，基督徒），八十年代的職業聯賽球隊已有基督教的「哈利路亞隊」（贊助商為「大韓生命」，會長崔淳永是教會長老），直至 2002 年取得與日本合辦世界盃。一路走來，2018 年面對德國隊的 2:0 結果，雖非三言兩語能解讀清晰，但成長在強權文化下的苦難之路和「儒教」土壤扶持的事實，絕對不可忽略。

關於對儒教的重視，在韓歷史悠久的成均館大學便可證明。每年的孔子誕辰祭禮，該校仍遵循儒家傳統，其歷史可追溯至十四世紀；該大學如今在世界排名也近在一百位前後。受儒家文化薰陶，韓國的語言也有恭遜法和敬語法的特色。所謂恭遜法，就是藉著語言的用詞和內容來提高對方的身分，以降卑自己表達恭敬對方。因此，長幼的輩分、男女的分別或身分的事先認知，則顯得重要了。敬語法則指文法上的語句結構，這與非文法的恭遜法不同，但都成了韓文化的特點。

港、台兩地於上世紀五十年代至八十年代初，曾一度興起對儒學的重視，在知識分子中間引來一定回響，但始終未能滲透到社會大眾的層面。韓國則因保守的文化結構，社會大眾仍秉傳著儒家的特色。所以，當有日本專家指出韓國的足球精神與儒家文化之間的密切關係時，可謂見解獨到。

삼십

第三十章　韓戰七十年後的盼望

不少韓迷在疫情初期的限聚令下，以《愛的迫降》打發了困在家中的時間。但是能夠真正感受女主角尹世理（孫藝真飾）必須冒著生命危險，去跨越南北界限的軍事區（又稱「三八線」）才能回家的痛苦，可能不太容易。一部充滿溫情的愛情喜劇，最終卻是北朝鮮軍官李正赫（玄彬飾）必須與愛人相約在瑞士的夢幻景色下，才是這個愛情故事的終結。這是韓民族因意識形態和戰爭而造成分割的民族悲劇。

韓戰爆發於 1950 年 6 月 25 日主日凌晨，雙方停戰於 1953 年 7 月 27 日。其中兩年時間在停戰談判的膠著，以白善燁上將的話來形容，是邊打邊談。這場戰爭由韓國和西方二十七國組成的聯軍，與北韓、中共和蘇聯作後盾的兩大陣營，在朝鮮半島打了三年零一個月，犧牲約三百萬個生命。至今七十載了！

南北韓分割後七十年，就在 2020 年 6 月 16 日當地時間下午二時四十九分，據韓國統一部表示，位於北韓開城工業園區的朝韓聯絡辦公室被炸彈炸毀。

《愛的迫降》中財閥女兒尹世理，提到離散家族的悲哀。李正赫與他的部下必須被遣返北韓的那一幕，不但是愛情劇的催淚場景，也必須以一個民族被分割的歷史作感情背景。據大韓紅十字會有關「南北離散家族相逢」的資料顯示，韓國透過紅十字會於北韓尋找家人的申請，至 2020 年 3 月共累積有 133,382 人，其中今日仍然在世的僅剩 51,837 人。韓戰造成家族離散的一代，已經相

繼去世。單單過去六年，平均每年就有 3,800 人離開世界，已經累積有 81,545 名渴望見到北韓親戚的人離開了人世。

離散家族的首次相逢，發生在 1957 年。大韓紅十字會於 1956 年，在韓國查出 7,034 人申請與北韓家人相見。結果北韓在 1957 年 11 月尋得 337 人仍然在世的消息。至 2015 年，南北韓共有 20,604 人（4,290 個家族）得以會面相逢，另有 3,748 人（557 個家族）藉視像會面溝通。請留意，這只是安排「會面」，並非共處相會。新冠肺炎疫情下，家人異地相隔，因航空停擺而不能相會的兩年多，我們能略略初嘗箇中滋味。然而，環視全球，同一民族如此分割的可能只有朝鮮半島。

195

疫情年的 7 月 27 日，提醒我們一場國際戰爭的停戰，不是戰爭的解除。七十年，對熟讀舊約聖經的人總喚起一絲復合的盼望，我們是說有關國家民族的盼望。先知但以理在大利烏登基迦勒底國王元年，看到了耶路撒冷荒涼七十年已滿之後，上帝應許的盼望和盼望實現的可能（但九 1～2）。在此，我們不難想像韓國基督徒的心境；此刻，更欣賞但以理為民族前景禁食祈禱的敬虔榜樣。

삼십일

第三十一章　從《南漢山城》到板門店

首爾市地鐵八號線，過了江南區的樂天世界，第八站就是南漢山城。2017 年秋季上映的史詩片《南漢山城》可以吸引追看韓劇韓星的港人，了解朝鮮民族過去近四百年來，是怎樣鍛鍊出堅韌的精神。明末清初，皇太極揮軍入侵朝鮮，逼使朝鮮國王仁祖逃到首都以南的南漢山城，在 1636 年寒冬的近兩個月時間，與僅餘的軍兵和大臣謀求救國之道。面對清兵圍困，朝鮮存亡就決定在那冰天雪地的四十七天。史稱「丙子戰爭」（韓稱「丙子胡亂」）的故事，由帥哥李秉憲飾演主和派大臣，實力派演員金允錫飾演士不可辱的另一高官。導演黃東赫拍出細膩的生死交融和家國情義的故事，在內部大臣的分歧和外面清兵的壓境之下，朝鮮王最終忍辱投降，向清太宗下拜，行三跪九叩大禮。這是電影的高潮，觀眾能否感動則視乎其民族情懷和歷史細胞了。

從那時候計算，才不到五十年前的「壬辰倭亂」（1592年），倭寇由釜山登陸直逼漢城，迫使朝鮮宣祖逃難至義州的國難史，讀書的韓國觀眾是不會忘記的。金韓旻執導的《鳴梁：怒海交鋒》（2014 年）可做這段背景的參照。由「壬辰倭亂」和「丙子戰爭」，作為在中日俄之間的「弱國」朝鮮苦難開端，直到 1895 年「國母」閔妃（後被封為明成皇后）被日軍刺殺、焚屍，死於朝鮮自己的首都宮廷，整整四個世紀以來，累積出韓劇數不盡的悲情橋段和痛哭鏡頭。不催淚就不是韓劇，也不是誇張的說法。上世紀七十年代在香港被綁架至北韓的韓星崔銀姬，就飾演過六十年代的彩色影片《清日戰爭與女傑閔妃》（1965 年）中閔妃的角色；二十一世紀前後，也有

多部影視劇集以此為題材。

據韓國教會史的說法，在甲午戰爭發生後的十幾年間，韓國教會的信眾由 1895 年的 956 人增加至 1904 年的約兩萬人，而聖餐信徒達 9,000 人。享譽歷史的平壤大復興，就在這樣的時代背景下發生。從 1910 年韓日合邦朝鮮半島正式被日本控制以後，至解放（1945 年），再經過三年韓戰的炮火蹂躪（1950 至 1953 年），三百萬人死傷、七百萬北韓民眾南逃，結果促成戰後韓國教會信眾達至五十萬的歷史新高！

題材與韓戰有關的經典之作《太極旗飄揚》（2004 年）可謂不能不看，兄弟相親演變為骨肉廝殺的張東健和元斌，經姜帝圭執導，活化了戰爭的逆人倫破壞力。從《南漢山城》新片，至任何一部以南北韓為題材的影片，對有歷史感和民族情懷的韓國觀眾，其觸動絕不止於影像，而是挑動半世紀乃至數百年的苦難記憶。我們亦不難感受國君被迫逃亡或向戰勝一方下跪的史實，是何等心境！因此略有曙光的南北韓領導人板門店之會，給 2018 年 4 月 25 日添上一線光彩，為此南北韓民族百姓會是怎樣的期待，我們只能猜想，不易體會！

199

삼십이

第三十二章　《毒梟聖徒》與教會文化

韓劇常有反映教會文化的對白，不容易統計，但隨手拈來的也有不少。多年前 SBS 的劇集《繼承者們》（2013 年）在第二集有一幕，是男女主角在加州海灘的餐廳前，遇到女主角姊姊的混蛋男友 Kris。男主角金歎（李敏鎬飾）為保衛女主角車恩尚（朴信惠飾）免於 Kris 的傷害，扭住這個洋人大漢的胳臂，這時 Kris 的兩個老外朋友從另一方向走來，他們看到 Kris 被金歎欺負，便大叫。車尚恩說：「像是他的朋友！」這時男主角的一句話，是其他國家的劇集都不會出現的台詞，金歎說：「反正不像是一起做晨禱的教友！」然後，男女主角撒腿就跑。這句「做晨禱的教友」，沒有韓國教會背景的人是難以理解的。因為，只有韓國教會流行清早五、六點鐘的每日晨禱聚會。編劇在這場戲加上這句對白，或許是要暗示那兩個陌生男人，不像是基督徒或有宗教虔誠形象的人。一幕與宗教完全無關的場景，也反映出編劇故意在語境裏滲入基督教元素，這是韓劇的獨特之處。更早的一套電影《天降橫財》（1997 年；韓片名《哈利路亞》），由申承秀執導，朴重勳、車太鉉和李璟榮等重量級演員主演，更是完全以教會為場景的詐騙喜劇，這也是認識韓國教會次文化的必看作品；想要認識上世紀九十年代韓國基督教盛興時期的教會氛圍，這是不容錯過的一部戲。

說到反映教會文化，2022 年 9 月上映的 Netflix 六集韓劇《毒梟聖徒》（*Narco-Saints*；韓片名《蘇利南》），將韓國的教會文化發揮得很到位。劇中大反派毒梟大王全耀煥（黃晸珉飾）便是以牧師身分出現，追蹤逮捕罪犯的

官方國政院要員崔昌浩（林海秀飾）則假扮長老，還有以傳道師身分出現的卞基泰（趙宇鎮飾），他們都是假扮擔任教會職分的人物。故事根據真實案件改編，講述一位居於美軍駐紮區的東豆川市小商人姜仁久（河正宇飾），娶了基督徒妻子，但為了生活便隨從船員朋友的介紹，往南美小國蘇利南開拓進口鯡魚生意。可是不幸地，姜仁久落入黑道的糾纏。唐人街黑幫大佬陳震（張震飾）霸凌海權；全耀煥牧師與哥倫比亞黑社會聯手掌控可卡因市場。一個平民商人，經妻子的介紹，於蘇利南與朋友參加當地韓人教會，並與全牧師相識，但也落入毒品的世界。最後在韓國和美國官方的介入下，經過驚心動魄的鬥智鬥勇，最終搗破了全耀煥牧師和他的邪教組織。

留意全耀煥牧師在劇中的幾段對白，這反映了編劇對聖經知識的運用和掌握，他們若不內行，則不能有所發揮。當男主角姜仁久必須按妻子的勸說，到當地韓人教會做禮拜時，教堂講台上講道的全牧師正宣講：「提摩太前書說，人未有帶任何東西來到世上，死時也不能帶走；只要有衣有食，就當知足。貪財是萬惡之根，貪財的人會嘗到地獄的滋味。」這是出自提摩太前書六章 7 至 10 節的一段台詞。這幾節經文與劇情發展後，姜仁久宣稱要「為錢而戰！」，電影口白就是「Fight for money!」，前後互映。

下一幕引用了難度略高的經文，兩位出訪教會的韓國僑民被邀請到牧師辦公室，對做生意遇上黑幫的事故難以啟齒之際，全牧師引用了一節舊約經文，他說：「做生

意不是可恥，因為箴言書說，勤勞工作的，會站在君王面前。」對這句經文的引用，筆者懷疑華人觀眾的熟悉程度，甚至專職的傳道人，也不一定能像這位邪教牧師般對經文運用到如此瀟灑自如。這句對白是出自箴言二十二章 29 節：「你看見辦事殷勤的人嗎？他必站在君王面前，必不站在下賤人面前。」劇本反映了作者聖經知識的底蘊。

全牧師得知兩位做生意的訪客，是受了唐人街黑幫的威脅，便立刻帶同手下傳道人和執事們進入陳震的地盤「做區域禮拜」（韓語，意指小區的家庭禮拜）。在與唐人街大佬較量的過程裏，全牧師指著陳震揚言：「將會像上帝用劍擊敗亞瑪力百姓般，你也會受到審判。」這個背景比較陰毒，因為原意是「耶和華已經起了誓，必世世代代和亞瑪力人爭戰」（出十七 16）。筆者相信，那些有教會經驗的觀眾，以及對聖經缺乏認識的觀眾，他們對戲裏全牧師這句話的感受，會有很大的差別。

還有一幕是哥倫比亞的毒販頭目乘私人飛機抵達蘇利南，當其展示出可卡因時，全牧師竟說「天降嗎哪！」，這句獨白的偷換概念達至極點！若不了解出埃及這段歷史，怎能看明白同是白色的毒品和嗎哪之間的類比，用詞既幽默又具張力。在巴西與蘇利南邊境，買方與賣方交收貨品失敗，遭到巴西警方開火，等全牧師看到部下的屍體運回後，他的言詞是：「為義受逼迫的人有福了……。」（太五 10）

整套劇集中，全耀煥牧師的舉止和言談活現了韓國牧師的形象，當然這不包括犯案和犯罪的部分，而是指他的性情和演技氣質。但是從我自己也是傳道人的角度來看，一部劇集能引用適當經文去發揮角色的個性，編劇必須是熟悉聖經的寫作人才，同時也必須假定觀眾對相關的經句出處有某些印象。如是觀之，讀者會否同樣感覺這部作品對觀眾的聖經知識有較高的預期？雖然這套韓劇是從韓國處境出發，但它畢竟是面向全球觀眾的，所以，我們和編劇之間的聖經水平是否出現巨大的落差？影視作品是社會的鏡子，也是大眾文化的構成部分，一套六集的劇集已經道出教會對韓國文化的深入影響，我們的教會是否也要在聖經普及化方面直擊猛追呢？

跋：燃點再上路的衝勁

1950 年 6 月 25 日禮拜天，韓戰爆發，三年後韓戰結束（實是停戰至今，未曾結束，兩者定義不同）。那時全國到處是廢墟，幾年後，我在漢城市（今首爾）出生，童年在中餐館看過醉酒的傷義軍發洩苦悶鬧事，感受了戰爭的後遺症。從上世紀六十年代至二十一世紀初，筆者能親眼目睹首爾的驚人發展和教會的巨大改變，這是難得的人生經歷。最近有韓國朋友跟我說，他們的國家已經躋身「先進國」行列了。是的，由當年「亞洲四小龍」之一發展至今，以其發展成績來看，韓國的進步是正面的，且由於當前國際形勢的轉變和中國的崛起，韓國對美國似乎更加重要。然而，單從教會人數開始衰落和西化的負面影響逐漸浮現來看，身為基督徒絕不難感受到教會待興的挑戰也愈來愈大。躋身「先進國」是韓國全體國民一直要追求的理想，但當中的代價可能是慢慢地失落了傳統的和原味單純的韓文化，所失落的甚至只能成為老一輩人的回憶，一去不返！

回首半個世紀前，我立志要向同胞傳福音，至少要跟韓國華僑分享信耶穌的美好，我以此為上帝對我一生的召命。然而，走過這些歲月才發現，能以宣教士身分在首爾從事福音廣播之餘，還同時體驗不同文化羣體的生活，並有機會進深整合港式事奉與牧養的理念，實在是上帝的恩寵和賜福。現在回顧，能出版一本關於韓國教會的文集，應該是因為撞上時代的機遇，在天時與地利的條件配合下，這本書便呈現在讀者手中。在韓國，現今比

任何一個時代都有更多華人羣體，華人教會也正是更需要認真推動健康教會和熱切宣教的時候。莊稼多，工人少，是愈來愈迫切的呼聲。

另一方面，韓國教會從物質貧困到驚人增長，再由擴張發展至遇到瓶頸又逐漸滑落，基督新教這一百三十多年的軌迹（1884 至 2022 年），相信可成為普世教會的參考與反思；若新一代有心人起來投身研究這方面的內容，必定是難得的課題個案。一次讀到，影響倪柝聲等人的余慈度小姐，她在踏入二十世紀之初已經與西教士在漢城宣教，我夢想著若是能有時間或條件作進一步的探索研究會何等有趣！（參吳秀良：《復興先鋒：余慈度與二十世紀的中國教會》〔比遜河出版社，2004〕）無論如何，我深願這本小書，給關心普世教會和宣教生態的基督徒，以及希望認識韓國教會的華人朋友一個新鮮的參照和持平的印象。

本書主要蒐集了我過去二十年發表的文字。其中《時代論壇》共二十一篇，由 2002 年發表的〈教會的暖流〉作為開始，至〈韓版《秋天的童話》之外〉。另外，《今日華人教會》有兩篇，《往普天下去》、《遠東廣播》和《基道文字》也各有一篇，依次是〈近代宣教運動初探：韓國教會〉（第十六章）、〈從阿富汗人質事件看宣教契機〉（第二十五章）、〈勇猛單純的營商宣教：我的觀察〉（第二十章）、〈濟州島的奇迹與考驗〉（第二十三章）和〈《毒梟

207

聖徒》與教會文化〉（第三十二章）。還有三篇在教會主日週報分享過的文字，分別是〈往低處流去：一篇社論〉（第八章）、〈教堂裏的國歌〉（第十五章）和〈韓國前文化部長的「浪漫」〉（第二十六章）。這些文章的詳細資料，請參書末的附錄二。之前沒有發表過的文章有兩篇，分別是韓國教會誕生的中國因素：〈派華宣教士和無名的華人先驅〉（第十七章）和〈第一位在朝鮮半島殉道的宣教士崔蘭軒〉（第十八章）。在此我要謝謝上述福音機構的慷慨，不計較版權並同意結集出版。

致謝是作者必交代的禮貌，對我卻是生命歷程的感恩。我先要特別謝謝梁寶超弟兄的專業設計與愛心服事，他在忙碌中仍為此努力的精神令我很感動。期間不但有疫情的大環境壓力，也有他本人的健康挑戰，但是若你從本書得到任何美感的觸動，完全是他無私事奉的見證。也謝謝教會黃滿嫦執事對初稿的細心校閱和提出寶貴意見，若不是她的積極精神，我在牧會之餘跟進本書的誕生會少了很多動力。百忙中賜序的幾位前輩或朋友也要稍加介紹。首先是金章煥牧師（Rev. Billy Kim）和陳耀鵬牧師；前者是韓國人，上世紀七十年代為葛培理牧師（Rev. Billy Graham）韓國佈道的傳譯員，創下當年汝矣島百萬人露天佈道的紀錄。他是我在韓國遠東廣播的工場主任，我和師母也曾在他教會負責英語部主日事奉四年；他是韓國教會領袖，也是我學習的榜樣牧師之一。本書第六章〈揭底風潮與教會領袖的考驗〉是關於他的報導；第七章〈一代「英雄」〉也提到他。陳耀鵬牧師是香港教會熟悉的牧者，也是神學教育與前線牧會兼備的教

會前輩，他充沛的活力和勤奮的事奉使我折服。另外也謝謝自己教會的好兄弟志森弟兄賜序，他和陳牧師的勤勞與熱誠常令我鞭策自己，志森還向香港傳道人發出了時代的挑戰。台灣遠東福音會總幹事于厚恩牧師，是優秀的原文釋經講員，他的親切又個人化的推薦文字很特別。他們的支持與對我的關懷，皆銘記心中。

孕育這本書時，我最先和盧炳照牧師和劉卓聰弟兄溝通，他們的支持態度使我得以前進去嘗試；盧牧師是我真正的屬靈上司，卓聰弟兄在差聯的事奉是我們常常代禱珍惜的。之前，我也徵求過宣道出版社前社長王礽福弟兄的看法，謝謝他的細心分析和意見。還要加一句，盧家馼老牧師沒有為我出書「潑冷水」是變相的祝福；他還答應我，若然沒有足夠的人寫序，他樂意代勞，而最後又著我要向讀者介紹韓國教會異端的情況。我的福音廣播和宣教事奉無法脫離這兩位盧牧師的指引，雖然他們沒有賜序，但在此我怎能不循例也向他們報告。末了，《時代論壇》社長任志強教授的賜序與以上幾位不太一樣，因為若不是這份報紙的邀請，我不可能在最近十年「被迫」寫出這些有關韓國教會的文章；常常翻查網站、閱覽韓文書籍，也多了與韓國朋友創造有內涵的對話時刻。若沒有《時代論壇》專欄「全球視野」刊稿的累積，也不可能有今天這本書。任社長的賜序，照耀了我們的時光隧道，給擦肩而過的人生點上亮光！

若是讀者閱覽全書，你會感受到韓國文化的寒氣逼人，如同我們從韓劇看到的整體印象，其文化環境借用英文

209

tough（艱難）來形容最貼切；韓國文化、環境、校園、職場，甚至教會都充滿 tough 的特色。但這個國度的人情也的確溫馨暖和，教會裏當然湧出暖流。至於「迴異」教會，我所看到的是他們追求卓越的結果；是的，這裏面有文化土壤的先天差異，也有凡事以教會優先並教會應該是「最優級」的普遍觀念所造成，我認定韓國教會是迴異的，這是本書的主調。

在這個愈來愈少人閱讀紙本書的年代，本書得以面世有我愛妻周師母的默默支持。她有女性洞見的優秀直覺，道出針針見血的睿智，在我不樂觀時，她的鼓勵可以使我勉勵前進，這一些已超出我要致謝的範疇了。你想得到嗎？在近二十年的香港忙碌生活中，能共享韓國老歌、韓劇喜怒哀樂的深層感覺，又閒話韓國與華人文化的大小趣事，這裏最親密的共鳴和知音是自己的妻子，那是怎樣一種福氣！

最後，這本書能成為實體，還有印象文字總編輯梁冠霆博士和他團隊的努力。我特別喜歡和傳媒人合作，他們的專業，令我開心不已。無論如何，這本約六萬字的小書，若是能帶起跨文化的福音關懷，或關心教會在異文化土壤上的成長反省，我就心滿意足了；若有人因此而對信仰有深一層的追求而獻身，那就更是上帝的作為和恩典！沒錯，韓國教會的確有其太多迴異之處，那裏不但有屬天的暖流，也真有人為的寒風，兩樣是共存的，並不矛盾；看到這些事實，我們更容易進入深刻反省和燃點再上路的衝勁了，不是嗎？

211

筆者夫婦攝於漢城中華基督教會門口

附錄一：韓國教會大事年表

國家	年份	教會
韓美簽定條約	1866	來華蘇格蘭宣教士崔蘭軒（Robert J. Thomas）在朝鮮殉道
	1876	蘇格蘭宣教士（John McIntyre 和 John Ross）在東北為第一批韓國信徒施洗，後 1884 年又施洗 75 人
	1882	路加福音譯成韓文（在東北）
	1884	來華安連醫生（Dr. Horace N. Allen）轉到韓國
	1885	派韓宣教士亞扁薛拉（Henry G. Appenzeller）和元杜尤（Horace Grant Underwood）由美國抵韓
	1887	新約聖經譯成韓文
中日甲午戰爭（戰場：朝鮮）	1894	西教士 5,000 人
閔妃（明成皇后）被日軍殺害	1895	韓國教會開始增長
日俄戰爭（遼東和朝鮮，日勝）	1904	聖餐信徒 9,000 人
日本統治韓國	1907	韓國大復興（平壤為中心）
	1910	百萬人歸主運動（但失敗）
	1913	長老會差派二韓人宣教士到山東
獨立運動（三一節，全國示威）3,804 名信徒被捕，牧師長老 134 人被捕，51 間教堂被毀	1919	4 月，朱基徹被捕一個月西教士達 12,000 人
	1920	教會快速增長（崇拜人數 200,000）1900 至 1920 年，信徒增長十五倍
	1936	朱基徹牧師任平壤山亭峴教會堂主任
靖國神社祭拜問題深化	1937	長老會學校關閉
	1938	長老會總會被迫通過接受神社祭拜朱基徹牧師等人被捕禮拜人數滑落
	1940	全民改用日文姓名
二次世界大戰爆發	1941	
	1944	朱基徹牧師於平壤獄中殉道（1938 至 1944 年），200 多間教會關閉，2,000 多名信徒入獄，50 名傳道人殉道
二戰結束，韓國光復（金日成將軍致意朱基徹牧師之抗日精神）	1945	

國家	年份	教會
韓國政府成立（8月15日）	1948	
韓戰爆發	1950	教會信徒 500,000 人
南北韓停戰，國家分裂	1953	
第二共和國成立，一年後軍人政權崛起	1960	
韓國政府宣佈朱基徹牧師為愛國烈士	1968	純福音中央教會人數達 7,900 人
第四共和國，朴正熙大統領連任	1972	韓國遠東廣播 FEBC 成立（香港遠東廣播於 1958 年成立） 純福音教會人數達 10,000 人
	1973	葛培理佈道會百萬人聚集；74 福音大爆炸：百萬人聚集
全斗煥將軍篡位，進入第五共和國	1979	教會復興運動
	1980	純福音中央教會達二十萬會友，所望、明聲、大地長老會崛起
	1990	永樂長老教會會友 50,000 人
中韓建交，金泳三長老任文人大統領	1992	
世貿香港開會，韓農來港示威	2005	基督徒 13,762,000 人（含天主教徒），宣教士 12,000 人
	2011	教會人數負增長，海外宣教士達 24,000 人
新型冠狀病毒導致國際航班停頓	2020	教會展開網上崇拜

附錄二：文章原出處

本書部分文章曾刊於下列報刊，承蒙有關機構允許轉載，特此鳴謝。

文題	原出處
第一章 教會的暖流	本文原題〈韓國的暖流〉，刊於《時代論壇》第 756 期（2002 年 2 月 24 日）；轉載於《金燈臺》第 101 期（2002 年 9 月）。
第二章 配受加倍敬奉的韓國牧師	本文原題〈配受加倍敬奉的南韓牧師〉，刊於《時代論壇》第 1673 期（2019 年 9 月 22 日）。
第三章 一代領袖的遺憾	刊於《時代論壇》第 1729 期（2020 年 10 月 18 日）。
第四章 另類韓流：朱光朝長老與朱基徹牧師	發表於《時代論壇》「時代講場」，2005 年 2 月 3 日。
第五章 堂主任世襲：韓國教會持續腐敗的警鐘	刊於《時代論壇》第 1618 期（2018 年 9 月 2 日）。
第六章 揭底風潮與教會領袖的考驗	刊於《時代論壇》第 1708 期（2020 年 5 月 24 日）。
第七章 一代「英雄」	刊於《中華聖潔會崇拜週刊》（2021 年 10 月 3 日）。
第八章 往低處流去：一篇社論	刊於《中華聖潔會崇拜週刊》（2005 年 11 月 27 日）。
第九章 韓國教會歐化衰落的開始	刊於《時代論壇》第 1592 期（2018 年 3 月 4 日）。
第十章 韓國教會的「流徒」現象	本文原題〈南韓教會的嚴峻課題：二百萬「流徒」現象〉，刊於《時代論壇》第 1653 期（2019 年 5 月 5 日）。
第十一章 「新天地」的魅力與魔法	刊於《時代論壇》第 1723 期（2020 年 9 月 6 日）。
第十二章 國際化富豪異端：統一教	本文原題〈源自韓國的國際化富豪異端：統一教〉，刊於《時代論壇》第 1093 期（2008 年 8 月 10 日）。
第十三章 韓國新生代的民族認同	本文原題〈南韓新生代的民族認同〉，刊於《時代論壇》第 1735 期（2020 年 11 月 29 日）。
第十四章 「我的殿必稱為禱告的殿」	刊於《時代論壇》第 1765 期（2021 年 6 月 27 日）。
第十五章 教堂裏的國歌	刊於中華聖潔會刊物《振翅》（2004 年 8 月）。
第十六章 近代宣教運動初探：韓國教會	本文原題〈韓國近代宣教運動初探〉，刊於《今日華人教會》（2010 年 2 月 22 日）。

文題	原出處
第十九章 Staymission 的故事	刊於《時代論壇》第 1744 期（2021 年 1 月 31 日）。
第二十章 勇猛單純的營商宣教：我的觀察	刊於《往普天下去》（2010 年 4 ～ 6 月）。
第二十一章 宣教軌迹：首爾半日遊導覽	刊於《時代論壇》第 1637 期（2019 年 1 月 13 日）。
第二十二章 宣教軌迹：葬身漢城的宣教英雄	刊於《時代論壇》第 1647 期（2019 年 3 月 24 日）。
第二十三章 濟州島的奇迹與考驗	刊於《遠東廣播》（2006 年 11 ～ 12 月號）。
第二十四章 全球韓國學生福音運動：KOSTA	刊於《時代論壇》第 1628 期（2018 年 11 月 11 日）。
第二十五章 從阿富汗人質事件看宣教契機	刊於《今日華人教會》（2008 年 4 月號）。
第二十六章 韓國前文化部長的「浪漫」	刊於《中華聖潔會崇拜週刊》（2015 年 2 月 1 日）。
第二十七章 韓國經典示威的反思	刊於《時代論壇》第 1100 期（2008 年 9 月 28 日）。
第二十八章 韓版《秋天的童話》之外	刊於《時代論壇》第 1759 期（2021 年 5 月 16 日）。
第二十九章 《少女時代 1979》與 2018「儒教足球」	刊於《時代論壇》第 1613 期（2018 年 7 月 29 日）。
第三十章 韓戰七十年後的盼望	刊於《時代論壇》第 1717 期（2020 年 7 月 26 日）。
第三十一章 從《南漢山城》到板門店	刊於《時代論壇》第 1604 期（2018 年 5 月 27 日）。
第三十二章 《毒梟聖徒》與教會文化	刊於《基道文字》第 96 期（2023 年 1 月）。

I believe in the value, **passion** and *beauty* in press.

vision
in
press